U0665936

如何汇报工作

高效传达信息，全面展现成果

任康磊◎著

人民邮电出版社

北 京

图书在版编目（CIP）数据

如何汇报工作：高效传达信息，全面展现成果 / 任康磊著. -- 北京：人民邮电出版社，2022.5
ISBN 978-7-115-58330-7

Ⅰ. ①如… Ⅱ. ①任… Ⅲ. ①工作方法—图解 Ⅳ. ①B026-64

中国版本图书馆CIP数据核字（2021）第259523号

内 容 提 要

本书内容涵盖职场中与上级沟通、向上管理、汇报工作的各模块，以实际场景和应对策略为背景，主要介绍了职场人在汇报工作过程中经常遇到的问题、用到的工具、应用的方法和实际应用时的注意事项。

全书分为8章，主要内容包括如何稳住上级实施向上管理，如何掌握汇报策略，如何实施口头汇报，如何实施书面汇报，如何做总结和计划，如何巧用数据打造专业形象，如何通过汇报成为职场精英，以及汇报过程中常见的各类疑难问题。

本书采取图解的形式，通俗易懂、贴近实战、工具和方法丰富，适合所有职场人、企业各级管理者、各类团队管理者、创业者、中小企业主、管理咨询师以及即将踏入职场的高校学生阅读。

◆ 著　　　　任康磊
　　责任编辑　马　霞
　　责任印制　周昇亮

◆ 人民邮电出版社出版发行　　北京市丰台区成寿寺路 11 号
　　邮编　100164　　电子邮件　315@ptpress.com.cn
　　网址　https://www.ptpress.com.cn
　　北京虎彩文化传播有限公司印刷

◆ 开本：700×1000　1/16
　　印张：17.25　　　　　　　　2022 年 5 月第 1 版
　　字数：216 千字　　　　　　　2024 年 12 月北京第15次印刷

定价：69.80 元

读者服务热线：(010)81055296　印装质量热线：(010)81055316
反盗版热线：(010)81055315
广告经营许可证：京东市监广登字 20170147 号

互联网上流传着这样一个段子：

一天，总经理问全体员工："谁能说说公司目前存在什么问题？"

100多个人争先恐后举手。

总经理问："谁能说说这些问题背后的原因？"

一多半的人把手放下了。

总经理接着问："谁能告诉我解决方案？"

这时候还有不到20人举手。

总经理再问："那么，有谁想动手试一下？"

结果只剩下5个人还举着手。

总经理最后问："谁愿意牵头负责解决这些问题？"

所有人都把手放下了……

骂者众，思者少，献计者寡，执行者寥寥，担当者无几，这就是当下职场中普遍存在的现象。在职场中，没有思想，逆来顺受，什么问题都发现不了的人是极少的。绝大多数人都能发现一些问题，然后就每天对着这些问题抱怨。

这种现象，也叫"喷子效应"。胆最小的在家里"喷"，胆比较小的在茶余饭后"喷"，胆大一点的就去公司内网"喷"，胆子再大一点的就到互联网上"喷"，胆特别大的就跑到年会上"喷"。但不论怎么喷，终归还是喷。抱怨谁都会，可抱怨完之后呢？公司真的变得更好了吗？

职场中一直流传着"会做的不如会写的，会写的不如会说的"，所以"到头来干不过写 PPT 的"这种说法引发了很多人的共鸣。很多人感慨，原来在职场，会写 PPT 才是王道。其实 PPT 只是工具，会不会写 PPT 只是表象。

事情的本质是那些没做多少工作，或只会做表面工作的人，比本本分分做事的人更会汇报工作，让上级觉得，那些没做多少工作的人在推进重要工作，反而给团队创造了很大价值，而那些本分做事的人就像老黄牛，每天只是完成职责，没有太大价值。

试想，假如你是一位有担当的员工，懂得如何汇报工作来展示自己的工作成绩，能帮上级发现问题并解决问题，哪个上级会不喜欢？

身为管理者，每天要关注的人和事很多。大部分管理者每天都处于信息超载的状态，不可能看到所有人做的每件事。所以，身为职场人，懂得如何汇报工作是必备的技能。职场人必须敢于汇报，善于汇报，才能让上级看到自己的工作价值；要主动向上级汇报，才能让上级重视自己；要经常向上级汇报，才能了解上级的很多想法，增进上下级之间的理解。

关于如何正确地汇报工作，不少人对此存在一些误区，比较常见的有如下 3 点：

1. 会表达

很多人认为口才好或文笔好的人一定会汇报工作，或认为只有口才好或文笔好才能汇报好工作。实际上，只是口才好或文笔好，却说不到点上，上级也不会买账。优质的汇报一定是重点突出，知道上级要什么，恰如其分地表达出上级想要的内容。会不会说，会不会表达很重要，这里的会，正是汇报的技能。

2. 假大空

很多人认为只要掌握了汇报工作的技能，就算没做好本身的工作，也能让上级满意自己的工作。但这种情况经不起时间的考验，假的终归是假的，时间长了，必然会露出马脚。汇报工作的前提是先把工作做好，永远不要期望工作没做好，通过汇报技巧就能蒙混过关。

3. 用软件

很多人认为汇报工作的关键是用软件。其实，汇报工作的关键是言之有物，把事情说或写到点子上，直击关键问题的核心，说上级最关心的，而不是把精力用在如何做 Word 排版，如何做 Excel 图表或仪表盘，如何把 PPT 做得花里胡哨等这些视觉系的事情上。只有视觉系却没有实质的汇报内容，上级看一次也许会觉得惊艳，看多了只会觉得眼花缭乱，心生反感，不仅觉得多余，而且觉得浪费时间。

汇报工作并不像很多人想的那么难，只要选对时机，找准场合，掌握方法，用对工具，汇报可以变成一件很简单的事。长期坚持用对的方式向上级汇报，会让上级越来越了解下属的工作，会让下属获得更多升职加薪、晋升发展和学习成长的机会。

为帮助职场人提升汇报工作的技能，我根据多年职场和咨询经验，根据对职业发展顺畅的高管进行观察、走访和调研，系统总结了汇报工作的方法，整理成了本书。严格按照本书介绍的工具、方法和原则实施汇报，坚持汇报，养成习惯，必然会踏上敞亮的职业发展道路。

市场上与职场相关主题的同类书籍，有不少讲了职场中上下级相处的道理，然而，该如何实施？如何做好？显然更需要方法、步骤、流程、标准和注意事项。这本书与我以往出版过的各类职场技能工具书一样，不仅讲"是什么"，还讲"如何做"。

相比于关注有没有道理，技能更关注有没有用，能不能解决问题以及如何做。而我正是一如既往地力求通过总结工具和方法论，提升职场人的技能。

本书通过我与天源公司一位员工王晓蕾的对话，详细解析了汇报工作需要的方法、工具和应用注意事项。我是天源公司的顾问，对话发生时，天源公司的总经理发现不少团队内的沟通问题，但又说不清问题在哪里，于是期望我能深入团队调研。经过走访调研，我发现很多员工不知道如何汇报工作，这是团队沟通的一大核心问题。

为便于读者快速阅读、理解、记忆并应用，本书全部采用图解的形式呈现问题场景、实用工具以及对工作相关的应用解析。

祝读者朋友们能够学以致用，更好地学习和工作。

本书若有不足之处，欢迎读者朋友们批评指正。

■ 本书特色

1. 通俗易懂，上手迅速

本书采取图解的形式，通过对工具和方法的解构，保证读者能够看得懂、学得会、用得上，以最快的速度掌握汇报工作的关键要务。

2. 内容丰富，实操性强

本书包含汇报工作中可能用到的各类工具和方法，并将这些工具和方法图形化、可视化、流程化、步骤化，且注明实战中的注意事项，让读者一看就懂。

3. 立足实践，解析详尽

本书以汇报工作的各类实际场景为背景，通过实际问题引出实战工具，通过对实战工具的充分解析，让读者不仅知其然，更知其所以然。

■ 本书内容及体系结构

本书包含职场人在与上级沟通、向上管理和汇报工作过程中经常遇到的问题、用到的工具和应用的方法。

第 1 章 向上管理：稳住上级是成功的开始

本章主要介绍上级是怎么想问题的，包括老板和员工的思维存在哪些差异，如何证明自身价值，如何发现上级需求；如何满足各类上级的需求，包括上级都有哪些类型，上级都有哪些角色，如何赢得上级满意；如何取得上级信赖，包括如何构建和谐的上下级关系，如何给上级留下好印象，如何减少上下级之间的信息差，如何保持团队的信息通畅。

第 2 章 汇报策略：汇报时什么该做与不该做

本章主要介绍成功的汇报需要哪些要素，包括如何选择汇报的时机，如何定位汇报的形式，汇报有哪些准备工作；精彩的汇报有什么特点，包括汇报前需要准备什么，如何精准发现上级的意图，如何快速引起上级的注意；汇报时要注意什么，包括如何灵活掌握汇报的时间，汇报时有哪些禁忌，上级期望什么样的汇报。

第 3 章 口头汇报：用语言高效传达信息

本章主要介绍如何实施不同时长的口头汇报，包括如何实施电梯汇报，如何实施概要汇报，如何实施演讲汇报；如何实施不同方式的口头汇报，包括如何实施电话汇报，如何实施语音汇报，如何实施视频汇报；如何实施不同场景下的口头汇报，包括如何实施进度汇报，如何实施风险汇报，如何实施即兴汇报，如何实施路演汇报。

第 4 章 书面汇报：通过汇报展现成果

本章主要介绍如何实施采用不同工具的书面汇报，包括如何实施微信汇报，如何实施邮件汇报，如何实施纸面汇报；如何实施不同需求的书面汇报，包括如何实施立项汇报，如何实施述职汇报，如何实施检查汇报；如何实施不同周期的书面汇报，包括如何写日报，如何写月报，如何写季报，如何写年报；做书面汇报时如何用好办公软件，包括如何用好 Word 做书面汇报，如何用好 Excel 做书面汇报，如何用好 PPT 做书面汇报。

第 5 章　总结计划：呈现价值和规划未来

本章主要介绍如何做总结，包括总结的公式，总结的角度，如何客观呈现事实；如何分析问题，包括如何区分烦恼和问题，分析的维度，找到问题核心的方法；如何设定目标，包括设定目标的方法，设定目标周期的方法，分解目标的方法；如何编制计划，包括编制计划的步骤，设计行动方案的方法，分层解决问题的方法。

第 6 章　数据应用：巧用数据打造专业形象

本章主要介绍如何用数据解决问题，包括数据分析解决问题的逻辑，用数据掌握话语权的方法，用数据解决问题的正确思路；数据分析的 3 类方法，包括对比分析法的应用，属性分析法的应用，图形分析法的应用；用不好数据可能出现的问题，包括视觉盲区的误导，数率产生的误导，均值引发的错误。

第 7 章　晋升发展：通过汇报成为职场精英

本章主要介绍如何成为团队的核心人才，包括成为团队最需要的人的方法，成为上级左膀右臂的方法，让自己变得不可或缺的方法；如何得到上级的赏识，包括表征自身价值的方法，萃取经验的方法，复制优秀模式的方法；如何成为合格干部，包括什么样的人更容易被提拔，管理者应具备的核心能力，如何有效实施竞聘。

第 8 章　疑难问题：妥善应对各类难题状况

本章主要介绍向上管理和汇报工作时常遇到的各类疑难问题，包括如何汇报坏消息，如何向高层领导汇报，如何向外行上级汇报，如何纠正上级的错误想法，如何通过汇报引导上级行动，如何拒绝上级的不合理要求，如何通过汇报争取预算和资源，如何向发脾气的上级汇报工作，如何说服与自己意见不一致的上级。

■ **本书读者对象**

职场员工；企业各级管理者；各类团队管理者；创业者；中小企业主；管理咨询师；即将踏入职场的高校学生。

💎 本书背景

1 我工作快5年了，平时很卖力，可为什么和我同时期到公司的同事不是升职就是加薪，我却一直停在原地呢？

天源公司某部门员工
王晓蕾

2 卖力是"苦劳"，升职加薪不能只有苦劳，得有"功劳"，得做出成绩。

本书作者
任康磊

3 我做出过很多成绩啊，好几次重要工作我都起到了关键作用，只是上级没看到。

4 上级管的人和事很多，不可能面面俱到。你有定期主动把自己的工作向上级汇报吗？

5 主动汇报还真没有，我都是上级问我工作进展，我再回应。有时措手不及，回应得也不好。

6 汇报工作是一项职场人士必备的通用技能，掌握这项技能，有助于你更好地厘清工作、展示自己、获得晋升发展。

背景介绍

　　天源公司（化名）某部门员工王晓蕾平时工作努力，做出过不少成绩，但由于没有掌握汇报工作的技能，不能让上级客观、及时、准确地了解到自己的工作成绩，工作几年来一直没有得到升职加薪的机会。本书以作者任康磊和王晓蕾的对话为背景，介绍职场人如何全面系统地做好工作汇报。

目录

03
口头汇报：用语言高效传达信息　　063

04

书面汇报：通过汇报展现成果　　089

07
晋升发展：通过汇报成为职场精英　201

01

向上管理：稳住——
上级是成功的开始

本章背景

1 原来我的问题在这，您快告诉我该怎么汇报工作吧，我以后就按您说的做！

2 别急，先问你个问题，你知道如何管理上级吗？

3 管理上级？我哪敢啊！都是上级给我安排工作，我还能给上级安排工作不成？

4 管理上级不是给上级安排工作，而是构建和谐的上下级关系，让你和上级之间有稳定的预期。

5 我还是不太懂，上级又不用听我的指令，我怎么管理上级呢？

6 你当然不能命令上级，管理是一定程度的控制。向上管理，就是让你对你的上级"可控"。

背景介绍

汇报工作的对象是上级，要学会汇报工作，第一步先要学会向上管理。有效的向上管理，是指能站在上级的角度思考问题，针对不同类型的上级能够采取不同的沟通技巧和应对措施，要能够与上级充分沟通，获得上级的信赖。

1.1　上级是怎么想问题的

　　有效汇报的关键前提是先要了解上级关心什么，只有上级关心的，才是重要的。围绕上级关心的工作汇报，才有汇报价值。要了解上级关心什么，就要站在上级的角度思考问题，要懂得聚焦价值，要学会及时发现上级的需求。

1.1.1　五环模型：老板和员工思考差异

问题场景

1 我总觉得老板不重视我的工作，我向老板汇报重要工作的时候，老板总是心不在焉。

2 也许是因为在你看来很重要的工作，对老板来说没那么重要。

3 怎么会这样？如果我的工作没做好，可是会造成很大影响的！

4 有多大影响呢？会直接影响老板实现最终的愿景和目标吗？

5 那倒不至于。难道这就说明我的工作没有意义吗？

6 不是没有意义，只是你和老板的思考方式不同。你更关注岗位职责，老板的视野更宏观，更关注最终目标和成果。

问题拆解

　　员工看问题的角度和老板看问题的角度往往存在差异，很多人跟不上老板的思维，从而出现视角错位和认知偏差。因为两者经常不在同一维度，员工常常从自身的工作职责出发往上看，是从微观看宏观；老板则是从顶层目标出发往下看，是从宏观看微观。这种不同容易造成两者对工作重要性的判断出现分歧。

方法与工具

工具介绍

五环模型

老板思考问题的逻辑通常遵循五环模型，最内层为核心层，是老板的愿景和动力，由内向外分别还有能力层、资源层、转化层和应用层。员工负责具体的工作，往往身处应用层。

老板是由内向外思考问题的，而员工往往是由外向内思考问题的。这就是为什么很多人跟不上老板的思维，也是为什么很多员工虽然完成了工作职责，但老板依然对其不满意的原因之一。员工容易关注具体工作，却看不到全局。

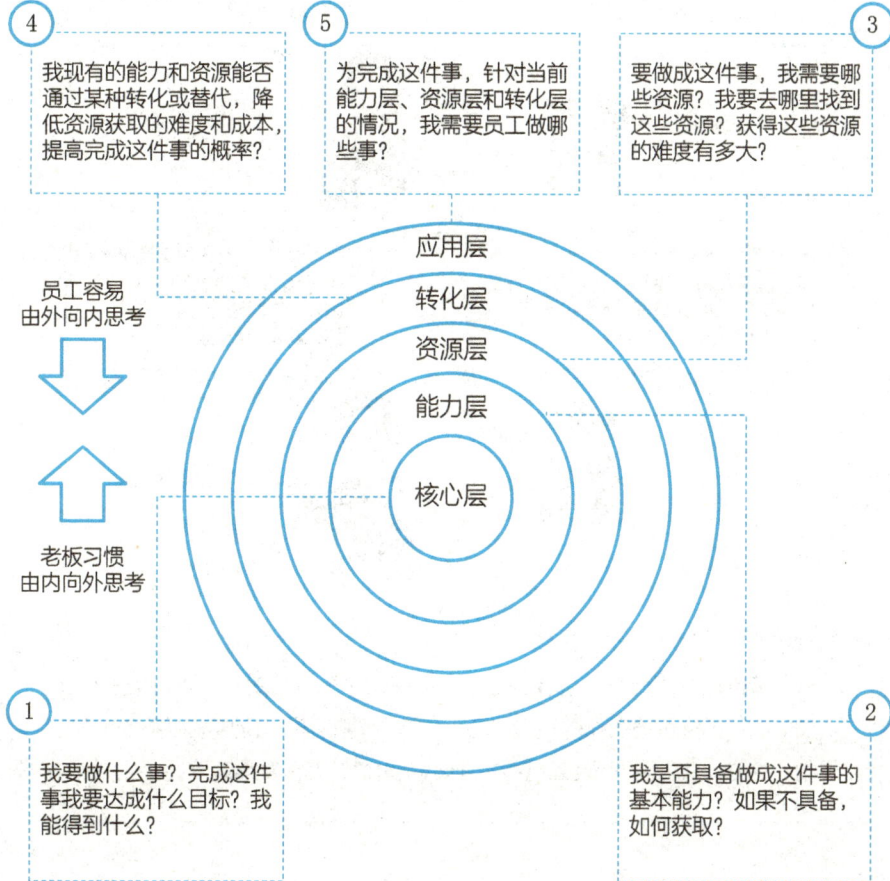

五环模型

4 我现有的能力和资源能否通过某种转化或替代，降低资源获取的难度和成本，提高完成这件事的概率？

5 为完成这件事，针对当前能力层、资源层和转化层的情况，我需要员工做哪些事？

3 要做成这件事，我需要哪些资源？我要去哪里找到这些资源？获得这些资源的难度有多大？

员工容易由外向内思考

应用层
转化层
资源层
能力层
核心层

老板习惯由内向外思考

1 我要做什么事？完成这件事我要达成什么目标？我能得到什么？

2 我是否具备做成这件事的基本能力？如果不具备，如何获取？

1.1.2 靶心模型：证明自身价值的模型

问题场景

1 上级总说要让我创造价值，可什么是创造价值？这根本就是个"成功学"的概念吧？

2 创造价值可不是成功学的概念，这是企业必须要求员工做的，不然企业怎么创造价值？

3 可是对员工来说，价值这个概念太虚了，又没办法量化。

4 价值可不是个虚的概念，价值是能够被量化的。

5 啊？价值能够被量化？像我这种偏文职类的岗位怎么量化自己的价值呢？

6 不论什么岗位，都可以从效益、效率、成本和风险4个维度来定义自己的价值。

问题拆解

　　创造价值并不是一个虚妄的概念，而是一个可以被量化、可以被表达的实在概念。围绕价值工作并不是一句口头禅，而是可以落地实施的具体行动。要创造价值，首先要理解在企业中，什么是价值？怎么算创造价值？

方法与工具

工具介绍

靶心模型

　　价值是可以被量化的。企业中的价值，最终总是可以归结到 4 个维度，分别是效益、效率、成本和风险。所谓创造价值，就是要么提高效益，要么提高效率，要么降低成本，要么降低风险。

　　需要注意的是，创造价值要在其他方面不变差的情况下，优化这 4 个方面中的某一个或某几个方面。如果某方面改善的低价是让其他方面变得更差了，那么其实并没有真正创造价值。

靶心模型

提高了某方面的效益，比如从财务结果上看，某方面的销售额、毛利额、利润额提高了。

提高了某方面的效率，比如工作效率提升后，从单位时间获得的结果看，产量提高了。

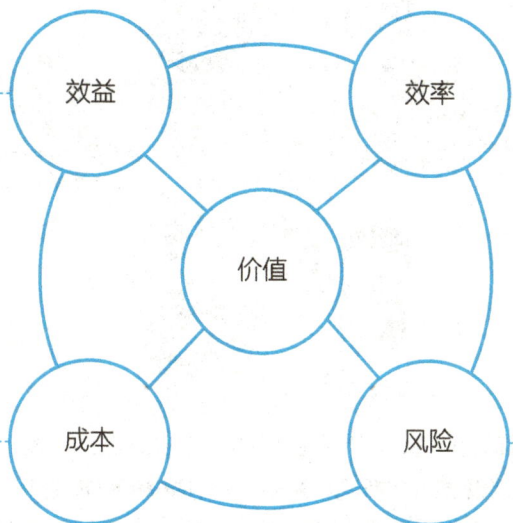

效益　　效率

价值

成本　　风险

降低了某方面的成本，比如完成某个任务，企业需要付出的运营成本或管理成本降低了。

降低了某方面的风险，比如在某个领域的风险系数下降了，或者因为某种风险而造成的损失降低了。

应用解析

案例：靶心模型正确应用

1 我知道了！小红负责员工关系岗位，她最近买了个商业保险，降低了工伤风险，代表她创造价值了！可以向上级汇报这个！

2 不！不能汇报这个，这个可不代表她创造了价值。

3 啊？为什么？她降低了工伤风险呀？

4 她降低风险的代价，是提高了成本。换句话说，商业保险谁不会买，有什么难度？她为降低工伤风险做了什么呢？

5 那你说怎么办？像她这种文职类岗位每天事务型工作居多，不是没办法表达自己的价值吗？

6 她可以说做工伤分析后，发现原因，跟业务部门一起采取了哪些措施，得到哪些结果，从而降低了工伤风险。这样就能表达价值。

小贴士

岗位能否创造价值，与岗位是否为文职工作、工作内容是否为简单重复劳动或岗位的职级高低等都没有关系。任何岗位都能创造价值，只不过每个人对岗位的认知和工作落脚点不同，造成有的人是围绕价值工作，有的人只是简单地围绕职责工作。围绕职责工作没有错，但只是被动地完成职责。只有主动围绕价值工作，才能创造价值。

1.1.3 同步模型：发现上级需求的步骤

问题场景

1 为什么上级对我的工作成果总是不关注呢？

2 你了解过上级需要什么吗？了解过你的工作成果是如何支撑上级工作的吗？

3 这个……我之前还真没想过。

4 这就是了，也许是因为你的工作成果没有给上级起到支撑作用，没满足上级的需求。

5 那我要怎么才能知道上级的需求呢？

6 要站在上级的角度思考问题，帮上级解决难题，贴近上级关心的业务，才能发现上级的需求。

问题拆解

　　人的注意力是有限的。上级最关心的工作往往就那几样，最关心的问题往往就那几个问题。如果员工与上级之间出现视角错位或思考维度错位，将难以发现上级真正的关心。只有和上级思维同步，才能补足这种错位。

方法与工具

工具介绍

同步模型

和上级之间思维同步，是发现上级需求的前提。要和上级思维同步，可以从以下 3 个步骤入手。

（1）站在上级角度，用上级的视角去发现难题，帮助上级思考难题的解决方案。

（2）站在上级身边，和上级一起讨论这些难题，结合自身工作帮上级解决难题。

（3）贴近核心业务，找到上级核心业务的关键，发现实现核心业务的具体需求。

同步模型

站在上级角度 为其思考难题	站在上级身边 帮其解决问题	贴近核心业务 发现核心需求
每个人看问题的角度不同，如果只会站在自己的角度看问题，将很难理解上级的很多行为。 站在上级的角度，才能具备上级的视野，才能理解上级的难处，思考问题时才不至于片面。	上级需要那些站在自己身边，能帮自己解决问题的人，即使这些问题不在员工的职责范围内。	上级最关注核心业务，上级的核心需求往往就藏在核心业务中，所以不论你当前负责什么工作，一定要贴近核心业务。 只有贴近核心业务，才能发现核心需求，才能解决核心问题。

1.2 如何满足不同类型上级的需求

　　不同的上级有不同的人格特质，在不同的场景，要担任不同的角色，下级要了解上级的人格特质，根据上级的人格特质采取有针对性的应对措施；要了解上级不同状态下的角色，满足上级的角色需求，从而达到上级满意。

1.2.1 DISC 模型：获得各类型上级青睐

🔒 问题场景

1 现在的上级和我之前的上级性格完全不同。现在的上级并不喜欢我以前的一些汇报习惯。

2 人与人之间存在人格差异。这种人格差异造成了管理者的管理风格不同。

3 那我应该怎么办呢？

4 可以先判断上级的人格特质，再根据其人格特质采取针对性的沟通策略。

5 怎么判断上级的人格特质呢？

6 可以用DISC模型，这个工具也是很多世界500强企业都在用的人格测评工具。

问题拆解

　　不同的人格特质有不同的思维模式和行为模式。有的人喜欢直截了当地沟通，有的人喜欢在寒暄交流感情后沟通。针对不同人格特质的上级，下级应采取不同的沟通策略，不然的话原本的善意可能会引起上级的误解或反感。

方法与工具

工具介绍

DISC 模型

DISC 模型是由美国心理学家威廉·莫尔顿·马斯顿博士（Dr. William Moulton Marston）在 1928 年提出的。DISC 模型把人格分为支配型（Dominance）、影响型（Influence）、稳健型（Steadiness）与谨慎型（Compliance）4 大类。

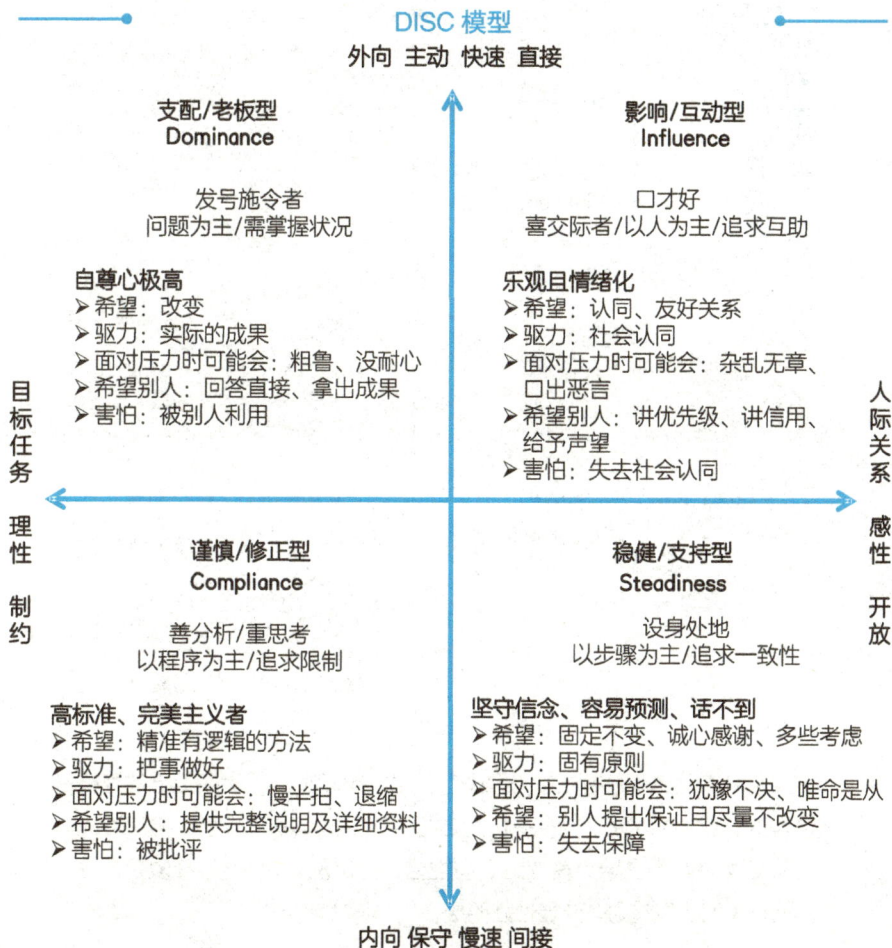

DISC 模型

外向 主动 快速 直接

支配/老板型
Dominance

发号施令者
问题为主/需掌握状况

自尊心极高
- 希望：改变
- 驱力：实际的成果
- 面对压力时可能会：粗鲁、没耐心
- 希望别人：回答直接、拿出成果
- 害怕：被别人利用

影响/互动型
Influence

口才好
喜交际者/以人为主/追求互助

乐观且情绪化
- 希望：认同、友好关系
- 驱力：社会认同
- 面对压力时可能会：杂乱无章、口出恶言
- 希望别人：讲优先级、讲信用、给予声望
- 害怕：失去社会认同

目标任务　理性　制约

人际关系　感性　开放

谨慎/修正型
Compliance

善分析/重思考
以程序为主/追求限制

高标准、完美主义者
- 希望：精准有逻辑的方法
- 驱力：把事做好
- 面对压力时可能会：慢半拍、退缩
- 希望别人：提供完整说明及详细资料
- 害怕：被批评

稳健/支持型
Steadiness

设身处地
以步骤为主/追求一致性

坚守信念、容易预测、话不到
- 希望：固定不变、诚心感谢、多些考虑
- 驱力：固有原则
- 面对压力时可能会：犹豫不决、唯命是从
- 希望：别人提出保证且尽量不改变
- 害怕：失去保障

内向 保守 慢速 间接

应用解析

DISC 模型应用：与不同类型上级的沟通策略

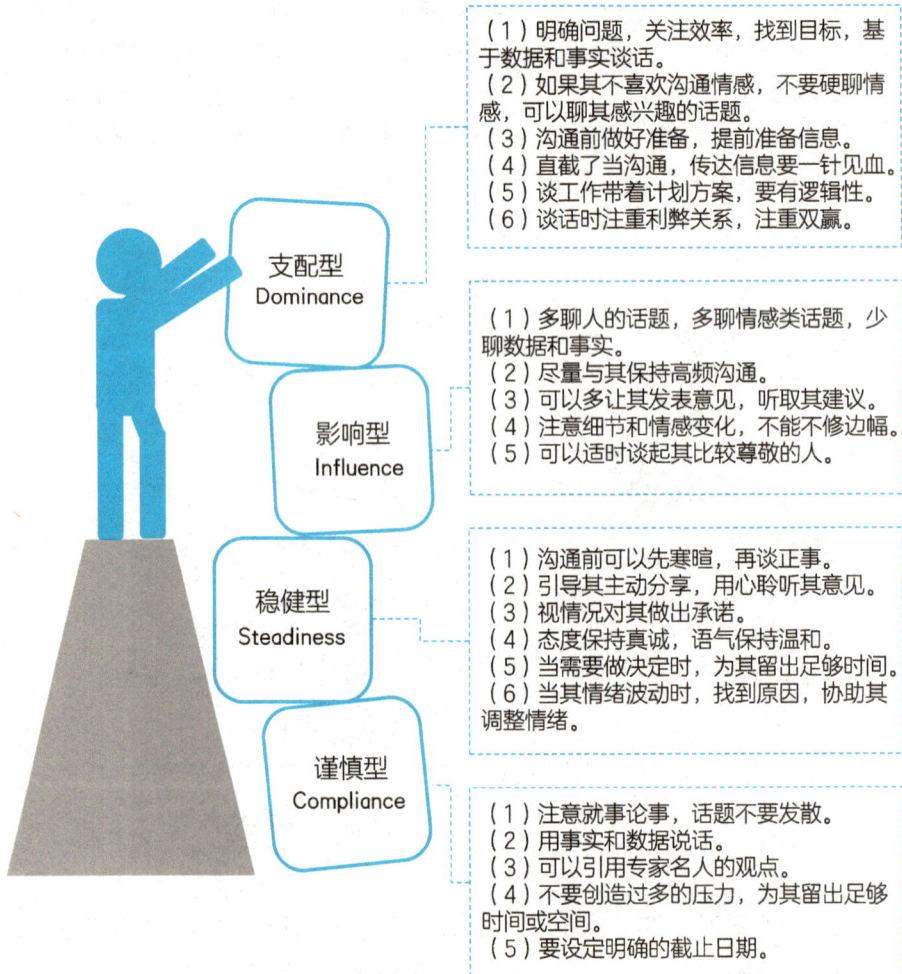

支配型 Dominance
（1）明确问题，关注效率，找到目标，基于数据和事实谈话。
（2）如果其不喜欢沟通情感，不要硬聊情感，可以聊其感兴趣的话题。
（3）沟通前做好准备，提前准备信息。
（4）直截了当沟通，传达信息要一针见血。
（5）谈工作带着计划方案，要有逻辑性。
（6）谈话时注重利弊关系，注重双赢。

影响型 Influence
（1）多聊人的话题，多聊情感类话题，少聊数据和事实。
（2）尽量与其保持高频沟通。
（3）可以多让其发表意见，听取其建议。
（4）注意细节和情感变化，不能不修边幅。
（5）可以适时谈起其比较尊敬的人。

稳健型 Steadiness
（1）沟通前可以先寒暄，再谈正事。
（2）引导其主动分享，用心聆听其意见。
（3）视情况对其做出承诺。
（4）态度保持真诚，语气保持温和。
（5）当需要做决定时，为其留出足够时间。
（6）当其情绪波动时，找到原因，协助其调整情绪。

谨慎型 Compliance
（1）注意就事论事，话题不要发散。
（2）用事实和数据说话。
（3）可以引用专家名人的观点。
（4）不要创造过多的压力，为其留出足够时间或空间。
（5）要设定明确的截止日期。

小贴士

应用 DISC 工具时需注意，很少有人性格是单一的，大多数人的性格是复合型的，比如 DI 型，指的是 D 型性格为主导，其次是 I 型性格；CSI 型，指的是 C 型性格为主导，其次是 S 型性格，再次是 I 型性格。在复合型性格中，性格类别的值越高，外显性越明显。

1.2.2　角色模型：支持上级各角色需求

问题场景

1 我觉得自己挺支持上级工作的，可为什么上级对我工作的关注总是忽冷忽热的呢？

2 具体有哪些表现呢？

3 比如我有项工作，上级有时候很关心，有时候就不关心，怎么会这么难以捉摸？

4 也许是因为上级在不同角色下关注的工作重点是不同的。

5 上级还有角色？什么意思？

6 是的，管理者有不同的角色。在不同角色下，工作关注的侧重点是不同的。

问题拆解

　　在不同情境下，管理者有不同的角色。优秀的管理者懂得视情况需要切换不同的角色。认识到管理者的不同角色，根据管理者在不同场景不同角色的不同关注重点，支持管理者做好这些角色，是员工向上管理需要具备的基本能力。

方法与工具

工具介绍

角色模型

    优秀的管理既要关注业务（事），又要关注团队（人），既要关注长期利益，又要关注短期利益。这就让优秀的管理者至少要做好 4 个角色：①战略家，要谋事，关注长期业务，也就是未来要做什么；②执行者，要做事，关注短期业务，也就是当下要做什么；③家长，要带团队，关注短期团队，也就是人的短期组合；④领航人，要建组织，关注长期团队，也就是人的长期发展。

角色模型

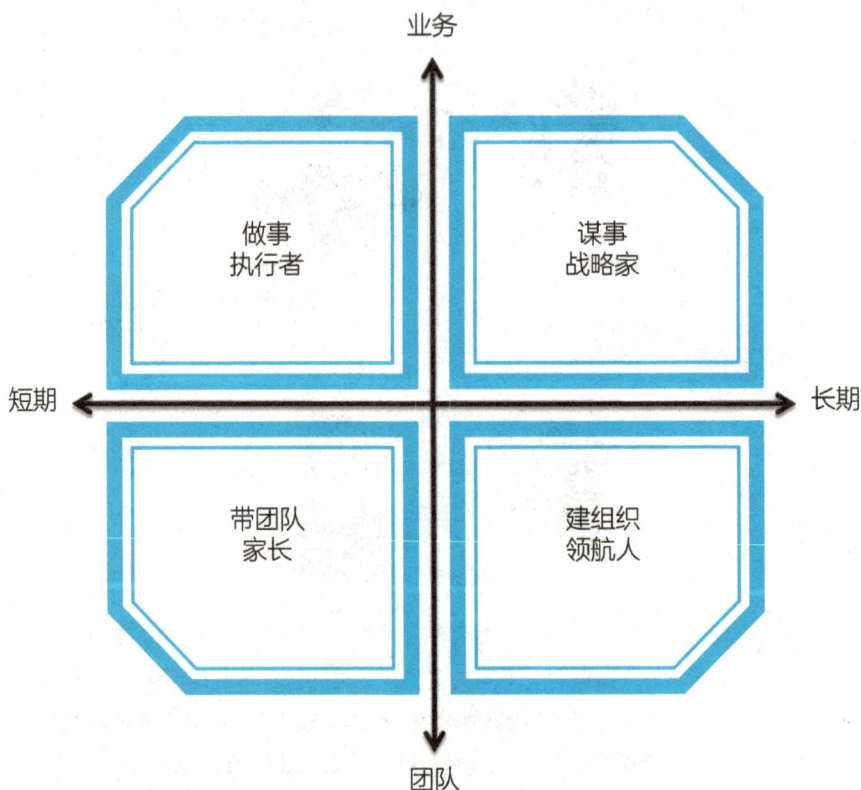

1.2.3 卡诺模型：获得上级满意的方法

问题场景

1 我有很多工作的方向应该是对的，可为什么做完之后得不到上级满意呢？

2 这是因为你工作交付的成果没有达到上级的预期。

3 可是上级布置工作时也没告诉我他的预期是什么呀。

4 被动等着上级告诉怎么能行？你应该主动问，主动去发掘和分析上级的需求。

5 那我应该怎么做呢？有没有什么工具模型可以借鉴？

6 可以用卡诺模型，把对待上级当成商家对待顾客，发现上级的必备需求、期望需求、超预期需求和反向需求。

问题拆解

卡诺模型（KANO 模型）最早被用在营销领域，体现了用户需求和用户满意度之间的关系，可以用来解释商家如何满足顾客需求。在企业中，上级相当于顾客，下级相当于提供服务的商家。下级满足上级的需求，其实和商家满足顾客需求的道理是一样的。下级应主动了解上级的需求。

方法与工具

工具介绍

卡诺模型（KANO 模型）

卡诺模型定义了 4 个层次的顾客需求，分别是必备需求、期望需求、超预期需求和反向需求。

必备需求指顾客对产品或服务的基本要求，是顾客认为产品或服务必须有的属性或功能。当产品或服务能满足这些需求时，用户满意度不会提升；但当产品或服务不能提供这类需求时，用户满意度会大幅降低。

期望需求指顾客的满意状况与需求的满足程度呈一定比例关系的需求。当满足这类需求时，顾客的满意度会提升；当满足不了这个需求的时候，顾客的满意度会降低。

超预期需求指顾客意想不到的需求。如果不能满足这个需求，顾客满意度不会降低；但如果满足了这项需求，顾客满意度会有很大提升。

反向需求指顾客原来根本就没有这类需求，如果硬要提供这类需求，顾客满意度反而会下降，也就是画蛇添足。

卡诺模型

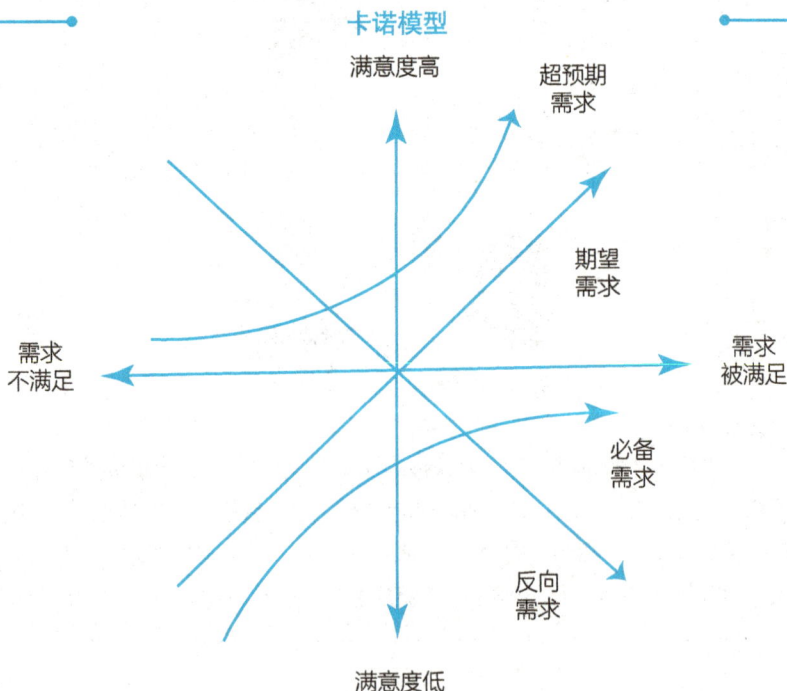

满意度高

超预期
需求

期望
需求

需求
不满足

需求
被满足

必备
需求

反向
需求

满意度低

1.3 如何获取上级的信赖

　　获得上级信赖是有效开展工作的前提，要获取上级的信赖，首先要构建和谐的上下级关系，其次要运用关键事件给上级留下好印象，另外要掌握沟通技巧，通过沟通视窗工具和构建健康的沟通网络，保证团队内部顺畅沟通。

1.3.1　建立信任：构建和谐上下级关系

🔒 问题场景

1 上级的需求总是不明确，平时只讲工作大方向，我参照上级的想法做了大量工作，上级却似乎并不满意。

2 主要还是因为你和上级之间没有构建起信任关系。

3 构建信任关系有那么重要吗？我做好自己的工作不就好了吗？

4 当然重要，就算有明确指标要求的工作，也要和上级之间构建起信任关系。

5 为什么？这样有什么好处呢？

6 既有助于上级了解你的工作，又有助于上级认可你的努力，对你工作的评价会更加客观。当然，对你的晋升也有帮助。

问题拆解

　　当上下级之间没有构建起信任关系时，容易出现信任错位。所谓信任错位，就是因为下级没有真正理解上级的意图，没有做出上级想要的行为，出现了行为错位，没有取得上级的信任，从而让上级对自己产生不实的评价。

🔑 方法与工具

工具介绍

构建信任

要有效开展工作，必须取得上级的信任。下级不论个人能力有多强，都要和上级之间形成一种强连接。很多岗位的工作成绩很难被量化，当上级信任时，就算很难被量化，上级还是会肯定下级的贡献，因为上级知道下级在帮助团队实现某个目标；如果下级不能得到上级的信任，就算能把工作成绩量化，上级也不会认为下级对团队是有贡献的。

与上级构建信任的 3 个关键点

上级最需要能帮自己解决问题的人。很多人不喜欢动脑筋思考怎么解决问题，一有问题就往后缩，总想着要把问题推给别人，实际上，放弃解决问题的机会也是在放弃被上级发现和信任的机会。

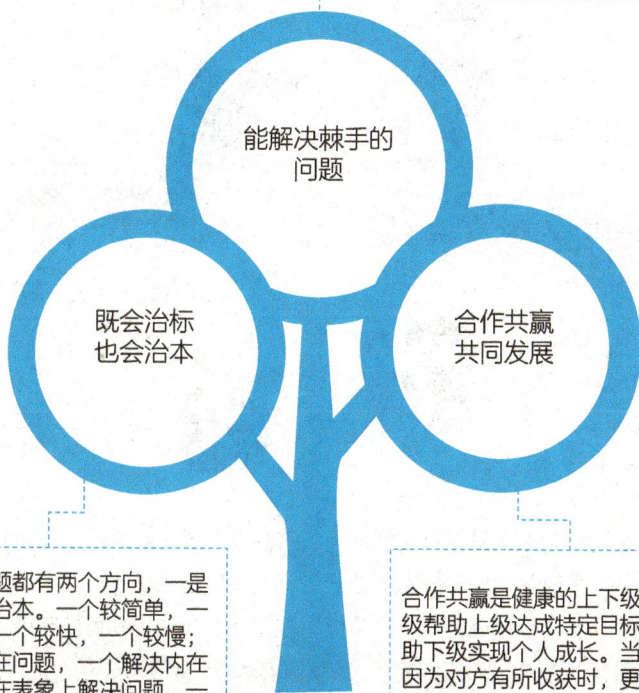

能解决棘手的问题

既会治标也会治本

合作共赢共同发展

解决任何问题都有两个方向，一是治标，二是治本。一个较简单，一个较复杂；一个较快，一个较慢；一个解决外在问题，一个解决内在问题；一个在表象上解决问题，一个从根本上解决问题。

合作共赢是健康的上下级关系，下级帮助上级达成特定目标，上级帮助下级实现个人成长。当双方都能因为对方有所收获时，更容易建立彼此信任的关系，实现共同发展。

1.3.2　关键事件：给人留好印象的秘密

问题场景

1　我觉得上级和我之间不能构建起信赖关系，很大原因源于上级不了解我的能力。

2　你觉得这是谁的问题呢？

3　应该是上级的问题吧？俗话说千里马常有而伯乐不常有。上级为什么不能发现我的能力呢？

4　上级又不是只有你一个下属，而且你有展示过自己的能力吗？与其要求上级，不如做好自己，把能力展示出来。

5　那看来是我的问题喽？我要怎么展示自己的能力呢？

6　人都是通过事件来判断别人能力的，要展示能力，可以通过关键事件。

问题拆解

　　上级如何判断下属是什么样的人？不是靠想象，是通过下属呈献的样子来判断的。下属如何向上级呈现自己的样子呢？是每天的日常工作吗？其实不是，上级不可能站在下级身后每天看其工作状态，也不可能知道下级做过的每项工作。上级对下级的判断，多数情况来自关键事件。

方法与工具

工具介绍

关键事件

上级是通过什么来判断下级的能力的呢？答案是"关键事件"。人与人之间所谓"认识""了解""知道""熟悉"这些概念，都源于"关键事件"。

关键事件是展现人们特质和能力的显著事件，也可以理解为标志性事件。不同的人因为有其独特的关键事件，让人们在心中建立起对不同人的"印象"，让人们能够区分不同人的性格，能够分辨不同人的特质，能够判断对不同人的好恶。

要展现自己的特质和能力，可以创造关键事件，通过自己在关键事件中的表现来展示自己。

应用关键事件的 4 点注意事项

不能只是被动等待关键事件出现，要根据工作需要刻意创造关键事件。

要在关键事件中充分展现个人能力，在工作中表现出的各类行动代表着个人能力。

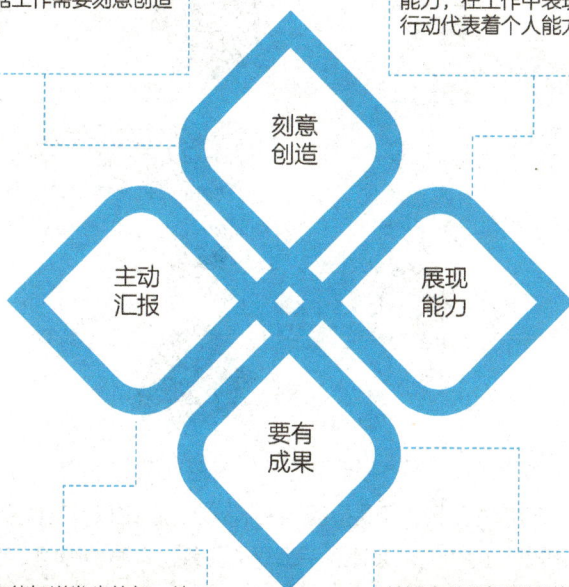

刻意创造

主动汇报

展现能力

要有成果

上级不可能知道发生的每一件事，为了让上级了解关键事件，下级应当向上级主动汇报。

关键事件最好是相对成功或有成果的。以失败告终的事件最好是因不可抗力造成的失败。

1.3.3 沟通视窗：减少上下级信息差异

问题场景

1 我和上级沟通挺频繁的，可为什么总感觉自己和上级之间有隔阂呢？

2 如果沟通频率没有问题，那应该是沟通的方式和内容出现了问题。

3 会不会是因为我总是只和上级沟通工作上的事，工作以外的事从来不谈？

4 很可能是这个原因，上级也许不好意思主动和你交流非工作的事，但完全没有这类交流，上级没办法真正了解你。

5 我一直以为和上级沟通工作上的事就可以了，工作以外的事就不该谈。

6 其实你这样反而会让上级觉得你对其有所防范，主动向上级吐露心扉更容易得到上级的信赖。

问题拆解

　　人是有血有肉的动物，不是机器。上下级之间如果只有工作方面的交流，没有一点工作以外的沟通，会让上下级间的关系出现某种隔阂，难以让上级完全信赖下属。下级不能被动等待上级询问，要适当向上级袒露心扉。

方法与工具

工具介绍

沟通视窗

沟通视窗，也叫乔哈里窗（Johari Window），这个工具最初是由乔瑟夫（Joseph）和哈里（Harry）在 20 世纪 50 年代提出来的。沟通视窗把人际沟通的信息比作一个窗子，这个窗子分成了 4 个区域，分别是开放区、盲区、隐私区和黑洞区。

在上下级沟通中，可以主动向上级开放自己的隐私区，这样容易让上级更了解自己，更容易获得上级的信任。

如果人们刻意放大自己的开放区，缩小自己的隐私区，团队内部信息的透明度会越来越高，沟通会变得越来越顺畅。

沟通视窗

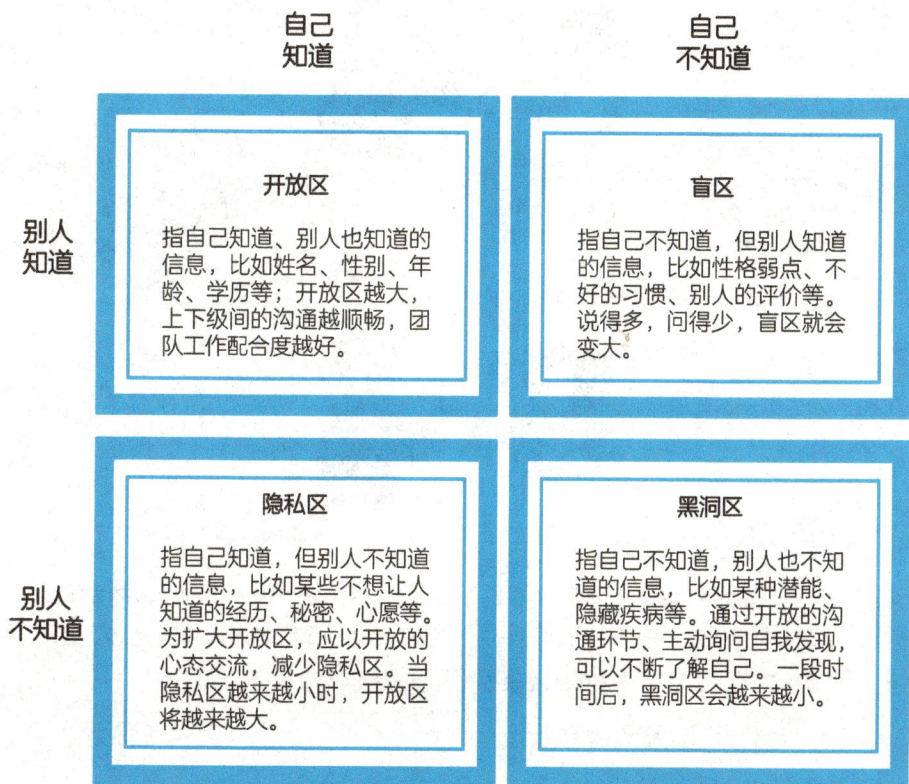

	自己知道	自己不知道
别人知道	**开放区** 指自己知道、别人也知道的信息，比如姓名、性别、年龄、学历等；开放区越大，上下级间的沟通越顺畅，团队工作配合度越好。	**盲区** 指自己不知道，但别人知道的信息，比如性格弱点、不好的习惯、别人的评价等。说得多，问得少，盲区就会变大。
别人不知道	**隐私区** 指自己知道，但别人不知道的信息，比如某些不想让人知道的经历、秘密、心愿等。为扩大开放区，应以开放的心态交流，减少隐私区。当隐私区越来越小时，开放区将越来越大。	**黑洞区** 指自己不知道，别人也不知道的信息，比如某种潜能、隐藏疾病等。通过开放的沟通环节、主动询问自我发现，可以不断了解自己。一段时间后，黑洞区会越来越小。

1.3.4 沟通网络：保持团队内信息畅通

问题场景

1 我发现上级总和团队里某几个人频繁沟通，和我及另外几个同事沟通比较少。有时甚至让那几个同事给我们传话。

2 那应该是团队的沟通网络出了问题，这种沟通模式并不健康，应做出调整。

3 可是团队内部的沟通模式，我能有什么办法呢？这个得上级出面调整吧？

4 如果上级意识到了这个问题，早就调整了，既然问题存在，说明上级并没意识到。

5 那我要怎么做才能让上级意识到这个问题呢？难道直接向上级说吗？

6 如果上级很开明，直接说也不是不行。如果觉得直接说不合适，你和另外几个沟通少的同事可以多主动找上级沟通。

问题拆解

　　有问题的沟通网络存在不同程度的信息交互问题。信息不通畅必然会带来团队内部的沟通问题，产生不必要的管理内耗。团队内的沟通网络与管理者直接相关，但这不代表员工不能引导沟通网络向好的方向发展。

方法与工具

工具介绍

沟通网络

团队中比较健康的沟通状态，是全通道式的沟通网络。这种沟通网络指的是团队中每个成员都能和别的成员保持相互的信息通畅，让信息在团队内部保持透明。如果团队的沟通网络没形成全通道式，很容易出现各类沟通问题。

沟通网络

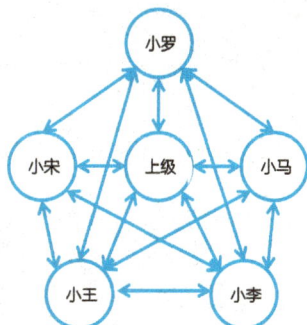

😊 全通道式沟通网络

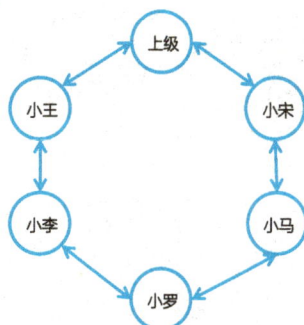

😐 环式沟通网络

上级只和某几个下级沟通紧密，通过这几个人向别的下级传达信息

😐 链式沟通网络

上级想传递的信息要经过一层一层传导，才能传递到别的下级那里

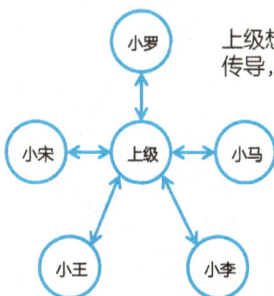

☹ 轮式沟通网络

上级和各个下级沟通充分，但下级之间沟通不畅

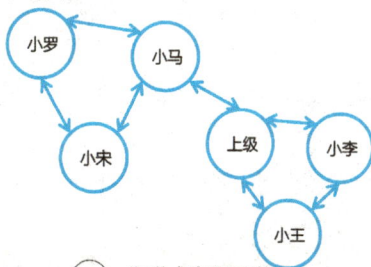

☹ 分群式沟通网络

团队分成不同小集体，各小集体内部沟通顺畅，但各集体间的沟通形式单一

02

汇报策略：汇报——时什么该做与不该做

◆ 本章背景

1. 向上管理真是门学问，我之前都没有意识到其重要性。

2. 知道如何向上管理，是做好工作汇报的前提。

3. 明白了向上管理，搞懂了怎么和上级相处之后，汇报工作应该就没问题了吧？

4. 别急，这只是开始。要做好工作汇报，还要懂得汇报策略。

5. 汇报策略？什么意思？

6. 就是工作汇报时要遵循的顶层原则，也就是什么该做，什么不该做。

背景介绍

　　好的工作汇报要讲究策略，不能盲目，不能随意。就算和上级关系再好，如果不遵照工作汇报的基本原则，就算汇报的是好消息，也可能引起上级反感。相反，如果遵照工作汇报的基本原则，就算汇报的是坏消息，也能平稳运行，不至于产生负面影响。

2.1　成功的汇报需要什么

　　成功的汇报需要天时、地利、人和。天时，指的是把握汇报的时机，在恰当的时间汇报。地利，指的是选准汇报的形式，在对的场合用对的方式汇报。人和，指的是遵循汇报的沟通准则，用恰当的沟通方式汇报。

2.1.1 把握天时：选准汇报时机

问题场景

1 我很多次找上级汇报工作，都约不到上级的时间。时间久了我基本就放弃了。

2 是所有人都约不到上级的时间，还是只有你约不到上级的时间？

3 这么说起来，好像也还是有人能约到上级的时间。这些人向上级汇报似乎很顺畅。

4 这就是问题所在，你要学会约上级的时间。你现在一般都在什么时间找上级汇报工作呢？

5 我一般在下午或晚上找上级汇报，因为我发现上级上午的时间通常比较忙，经常被别的同事占了。

6 上午汇报肯定比下午汇报更好。你看，别的同事能约到上级上午的时间，你却约不到，所以问题在你这里。

问题拆解

上级忙，约不到上级的时间做汇报是谁的问题？一定是下级的问题。上级忙是很正常的事，如果别人能约到上级的时间，那就说明这不是下级约不到上级时间的借口，只是约上级时间的方式不对，或者没有重视和上级约汇报时间这件事。

方法与工具

工具介绍

汇报时机

汇报工作讲究时机，时机正确，汇报将事半功倍。时机不对，汇报很可能适得其反。下级在汇报工作前，先要找到最合适的汇报时机。

一般来说，最佳的汇报时机有 4 个，分别是上级刚上班时，上级心情好时，下级被上级关注到时，以及召开会议时。

4 种最佳的汇报时机

一天之计在于晨。人一天中最清醒、情绪最稳定、身心最轻松的时间就是上午刚上班的时间。下级在上级刚上班时汇报工作有助于上级厘清思路，记住重点，更妥善地应对。

有人觉得好消息应在上级心情不好时汇报，坏消息应在上级心情好时汇报。这是不对的，正确的做法是：上级心情不好时，什么都不要汇报，等上级心情平复或心情好时再汇报。

刚上班时

被关注时

心情好时

开会议时

当上级的注意力关注到下级时，例如主动找下级来办公室谈话，走到下级工位处谈话，或临时遇到谈话等场景，下级不仅可以把握这类机会汇报工作，而且可以通过汇报工作来展示自己。

会议的核心目的是沟通，也是汇报工作的绝佳时机。很多会议召开的目的就是为了讨论工作进展，就算不是，很多会议也设有参会人员发言的环节，可以用来汇报工作。

应用解析

工作阶段汇报的 4 个关键数字

当工作刚开始1%时，向上级汇报一次，确定工作的方向、策略、框架、结构等，不至于出现工作完成后又需要返工的情况。确定完成工作需要哪些支持。

当工作开始20%时，向上级汇报一次。请上级评价当前工作的阶段性成果，并确定当前工作的方法是否正确，资源是否够用。确定上级的支持是否到位，还有哪些需求等。

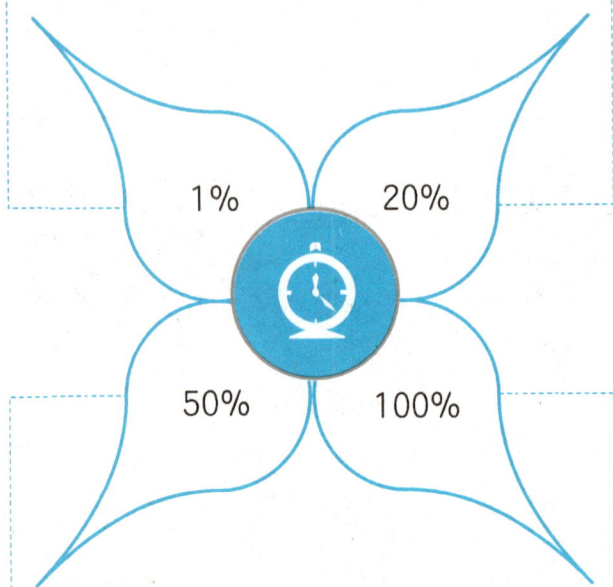

1%　20%

50%　100%

当工作完成一半时，向上级汇报一次，除了请上级评价工作的阶段性成果之外，还可以根据当前工作的进展效率，确定或调整工作完成时间，以及需做出哪些支持行动。

当工作全部完成时，立即向上级汇报。请上级从整体上对工作质量进行评估，提出工作成果的不足，能修正的及时修正，不能修正的可以作为备忘，让下次类似工作不至于出问题。

小贴士

对于上级布置的工作或上级知道下级在从事的工作，下级可以提前和上级沟通好汇报工作的时机，而不必每一次都临时约上级的时间。和上级就工作汇报提前的预约包括阶段性汇报的时间、地点和内容。

2.1.2 善用地利：定位汇报形式

🔒 **问题场景**

1 汇报有天时地利，天时指汇报的时间，地利指汇报的地点吧？在哪里汇报很重要吗？

2 只把地利理解为汇报地点是不全面的，更准确的理解，应该是汇报的形式，或者说汇报内容的信息传递方式。

3 说起来，我好像所有的汇报都是找上级面对面汇报的。

4 怪不得你总约不到上级的时间，你这样会给上级很大压力。上级哪有时间每次都面对面听你做工作汇报？

5 看来我得多尝试一些不同的汇报形式。

6 是的，重要的工作可以面对面汇报，不重要的工作可以通过社交软件、电子邮件等方式汇报。

问题拆解

　　汇报形式有很多种，面对面汇报只是其中一种，而且是效率比较低的一种。如果只会用一种形式向上级汇报，则必然没有办法应对各类状况。下级在汇报工作前，应根据不同的汇报场景和需要，采取相应的汇报形式。

方法与工具

工具介绍

汇报形式

汇报形式若按照是否正式划分，可以分成正式汇报和非正式汇报。正式汇报不仅强调传递信息，更强调信息传递的严肃性和重要性，通常需要准备图文类的汇报内容。非正式汇报则主要强调信息传递或情感交流，常常不需要准备图文类内容。

一般来说，需要获取上级某种正式授权、决策或批复等的汇报应采取正式汇报形式。除此之外可以采取非正式汇报。

汇报形式的类别和划分方式有很多种，实际上只要是沟通形式，都可以作为汇报形式的一种。沟通有正式沟通和非正式沟通的区别，所以汇报也有正式汇报和非正式汇报的区别。正式沟通和非正式沟通的形式，分别对应着正式汇报和非正式汇报的形式。

两大汇报形式常见应用场景

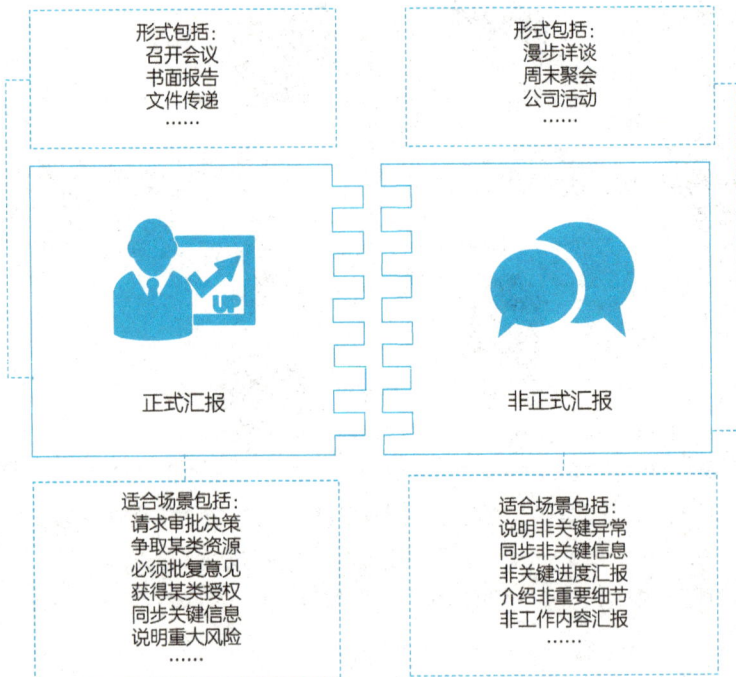

形式包括：
召开会议
书面报告
文件传递
……

形式包括：
漫步详谈
周末聚会
公司活动
……

正式汇报

非正式汇报

适合场景包括：
请求审批决策
争取某类资源
必须批复意见
获得某类授权
同步关键信息
说明重大风险
……

适合场景包括：
说明非关键异常
同步非关键信息
非关键进度汇报
介绍非重要细节
非工作内容汇报
……

应用解析

如何选择公开与私下的汇报场合

进行正式汇报时，如果汇报内容不涉密，可以尽量选择在公开场合汇报。因为在公开场合，上级更容易做出公开明确的答复，且能让别人见证自己的汇报和上级的答复，例如在团队会议场所。

公开场合汇报

私下场合
汇报

如果汇报内容涉密，或进行非正式汇报时，可以选择私下场合汇报，例如上级办公室。私下场合不仅指物理环境的私下场合，还包括虚拟环境的私下场合，例如社交软件或电子邮件等。

小贴士

汇报形式的划分方式有很多种逻辑。若按照信息传递方式划分，可以分成口头汇报和书面汇报。本书是按照信息传递方式划分内容结构的，第3章和第4章将分别介绍口头汇报和书面汇报中各类典型汇报形式的操作方法。

2.1.3　保持人和：掌握汇报准则

问题场景

1
汇报中的人和，指的是要做好沟通是吧？就是要在汇报中注意沟通技巧吧？要保持沟通中的善意。

2
汇报确实是一种沟通，但沟通的准则和汇报的准则是不同的，不能一概而论。

NO!

3
两者有什么区别吗？

4
例如，沟通是偏双向的，讲究彼此相互理解，双方表达内容是均等的。汇报是偏单向的，下级表达内容多于上级表达内容。

5
确实如此，看来要做好汇报，必须掌握汇报的准则。

6
是的，汇报中的人和，指的就是下级要遵循汇报特有的准则。

问题拆解

　　汇报是沟通的一种，但不能完全按照沟通的原则来做工作汇报。汇报有其特殊性，在沟通中成立的原则，在汇报中不一定成立。要保证汇报成功，下级应掌握汇报的准则，严格遵循汇报的基本准则。

方法与工具

工具介绍

汇报准则

汇报是一种有明确目的或目标的沟通。汇报结束后，下级期望实现该目的或目标，这就需要遵循汇报准则实施汇报。

成功的汇报需要遵循四大准则，分别是带着方案汇报，让上级有选择，汇报时分清楚主次，用数字、图形和表格等展示汇报内容。

汇报四大准则

一定要带着解决方案汇报，不要把问题抛给上级。上级需要下级解决问题，而不是只会制造问题。汇报工作时提供的方案最好有多个，不要只准备一个方案。

不要让上级做填空题、判断题或问答题，要让上级做选择题。填空题、判断题或问答题都是在给上级制造难题，而选择题是请求上级行使权力做决策。

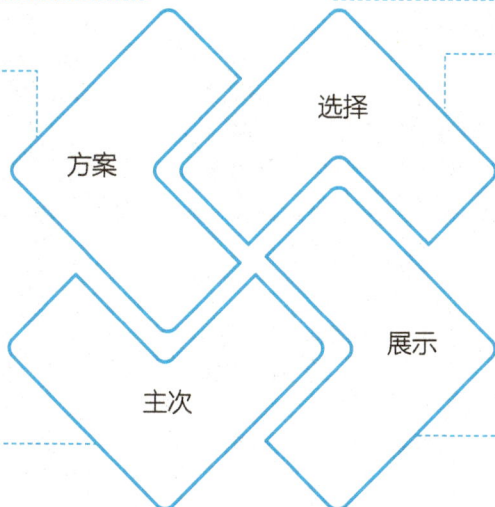

方案

选择

主次

展示

汇报时要分清楚主次，讲重点，不要什么细枝末节都讲，不要奢求面面俱到。一般上级最关心的事应该优先汇报，多讲上级想知道的。

如果是书面汇报，不要只是一味用文字描述，多用图形和表格表达。如果是口头汇报，不要只用形容词描述，多用事实和数字说明问题。

应用解析

案例：向上级汇报提供方案选择的话术逻辑

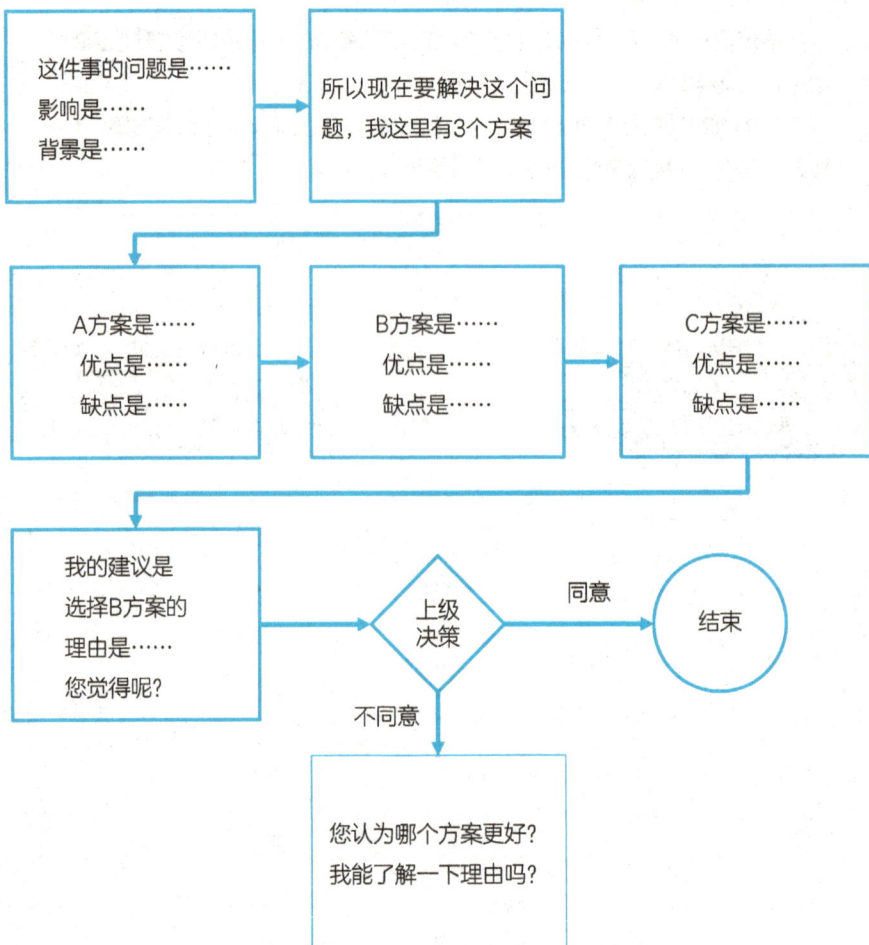

```
┌─────────────────┐      ┌─────────────────┐
│ 这件事的问题是……  │      │ 所以现在要解决这个问 │
│ 影响是……         │ ───▶ │ 题，我这里有3个方案  │
│ 背景是……         │      │                 │
└─────────────────┘      └─────────────────┘
```

```
┌─────────────┐      ┌─────────────┐      ┌─────────────┐
│ A方案是……     │      │ B方案是……     │      │ C方案是……     │
│ 优点是……      │ ──▶  │ 优点是……      │ ──▶  │ 优点是……      │
│ 缺点是……      │      │ 缺点是……      │      │ 缺点是……      │
└─────────────┘      └─────────────┘      └─────────────┘
```

```
┌─────────────┐        ╱────────╲        ╭──────────╮
│ 我的建议是     │        ╱  上级    ╲ 同意   │   结束    │
│ 选择B方案的    │ ──▶   ╲  决策    ╱ ────▶ ╰──────────╯
│ 理由是……      │        ╲────────╱
│ 您觉得呢？     │            │
└─────────────┘          不同意
                            │
                            ▼
              ┌─────────────────────────┐
              │ 您认为哪个方案更好？          │
              │ 我能了解一下理由吗？          │
              └─────────────────────────┘
```

小贴士

　　汇报工作的时候要注意随机应变，要根据现场状况和上级反应判断自己应怎么做。如果认为上级不同意方案是因为上级没有了解相关信息，可以进一步提供信息，尝试说服上级。如果上级的反对意见比较明确，且理由充分，则没有必要反驳上级，应立即接受执行。

2.2　精彩的汇报需要什么

　　天时、地利、人和是汇报的基础，能保证工作汇报不至于失败，但要让汇报精彩，还需要更进一步。其中包括在汇报前做好准备工作，通过聆听定位上级的意图，明确不同层级的视角、找到自己的站位，以及通过关键词语引起上级注意。

2.2.1 善事利器：汇报前需做哪些准备

问题场景

1 我有时候天时、地利、人和都好了，可在汇报的时候总会出一些突发状况。

2 这应该是你没做好汇报前的准备工作，准备不充分。

3 说起来，我以前汇报工作全靠随机应变，很少准备。

4 随机应变确实是一种能力，汇报中需要这种能力。但如果事先有准备肯定比临时随机应变能取得更好的汇报效果。

5 汇报前都需要做哪些准备呢？主要是确定天时、地利、人和吗？

6 这是一方面。另一方面，根据汇报的需求不同，需提前准备的内容也有所不同。最重要的是要先明确汇报目标。

问题拆解

"工欲善其事，必先利其器，"凡事预则立，不预则废，汇报工作也是如此。机会总是留给那些有准备的人。提前做准备，会让工作汇报更精彩。如果不提前做准备，不仅汇报呈现可能出问题，而且可能难以应对现场的突发状况。

方法与工具

工具介绍

汇报前的准备

在汇报工作前，必须提前做好准备。工作汇报的准备至少包括 4 个关键维度，分别是明确汇报的目的或目标，提前准备汇报的时间和方式，提前准备汇报相关的事实或数据，提前准备需要向上级提出的问题或需求。

汇报前准备的 4 个关键维度

汇报是有目的和目标的。在开始汇报前，一定要先明确自己的目的和目标。

根据汇报的目的和期望达到的效果，提前准备汇报的时机和汇报的方式。

明确
目的

天时
地利

事实
数据

问题
需求

为了证明汇报工作的客观性，说明方案的有效性，提前搜集与汇报内容相关的事实或数据。

汇报工作时可能需要向上级提出问题，或向上级提出某种资源需求，应提前准备。

应用解析

汇报前准备的 3 点注意事项

波动的情绪不利于工作汇报。最佳的汇报情绪是心平气和。汇报工作前，下级可能因为各类原因带有某种情绪，此时应先平复情绪，再进行汇报。

开始汇报前，应提炼出汇报的要点和关键事项，让汇报的内容尽可能精练。要精准传递信息，细枝末节和可能分散注意力的信息要提前删掉。

平复
情绪

提炼
要点

模拟
演练

正式汇报前要进行模拟演练，把事先准备好的汇报内容演练一遍，看需要的时间与预期是否相符，看内容上是否需要修改或润色，以达到更好的效果。

小贴士

高亢的情绪比心平气和更有助于工作汇报吗？多数情况下不会。高亢的情绪也许在某些场合有助于沟通，有助于用情绪感染对方，但汇报工作主要是要向上级说明情况，情绪高亢容易让上级失去关注重点。汇报工作最好的状态，是不卑不亢。

2.2.2 洗耳恭听：精准发现上级意图

问题场景

1 准备确实重要，但很多时候不知道上级要什么，都不知道该准备什么。

2 问题很可能出在你没有精准把握住上级的意图。

3 如何知道上级的意图呢？

4 在说之前，要先学会听。和上级沟通时，通过多聆听上级的表达，进而发现上级的意图。

5 我很认真地在听啊，上级说话的时候我从不插话。

6 单纯的听不是聆听。聆听是有方法和技巧的。善于聆听，才能够发现上级要表达的关键信息。

问题拆解

　　在汇报中，先听再说，听比说更重要。通过聆听才能够发现上级的真实意图，进而根据上级的真实意图采取行动和实施汇报，更容易获得上级的认可。很多人知道听比说更重要，可如何有效聆听，是有方法和技巧的。

方法与工具

工具介绍

聆听

有效聆听有两个关键：寻找信息和事实重复。

通过上级的声音语调、诉说内容、表情神态、情绪表露等环节，可以寻找其想传达的关键信息。有时候为了避免主观价值判断，也防止上级有信息没完全表达出来，可以重复上级说的关键信息。这里的重复不是把上级每句话像复读机一样重复一遍，而是表达和总结出自己听到的核心信息，和上级核对有没有错。比如可以说，"不知道我有没有听错，您刚才说的是……吗"。

聆听中做事实重复，一是可以与上级确认信息；二是能令上级感到被尊重；三是给自己一个缓冲的时间，帮助自己进一步消化理解上级表达的信息。

聆听中寻找信息的 4 个关键

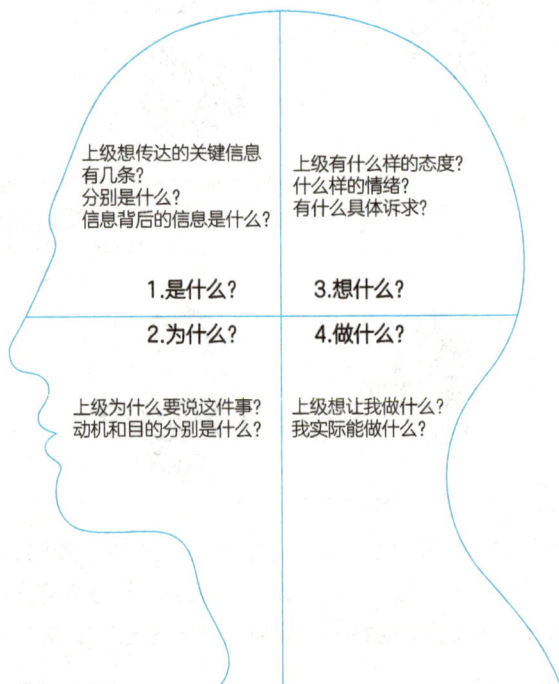

上级想传达的关键信息
有几条？
分别是什么？
信息背后的信息是什么？

上级有什么样的态度？
什么样的情绪？
有什么具体诉求？

1.是什么? **3.想什么?**

2.为什么? **4.做什么?**

上级为什么要说这件事?
动机和目的分别是什么?

上级想让我做什么?
我实际能做什么?

应用解析

用心聆听的 4 个步骤

聆听时要抱着开放的态度，要做好聆听到与自己不同意见的心理准备。站在上级的角度思考，建立为上级着想的心理预期。

在聆听中要尝试了解上级想表达的真实含义，要集中精神，有目标地聆听，同时不断反馈，对上级表达认可并引导上级继续表达。重要的信息，要做好记录。

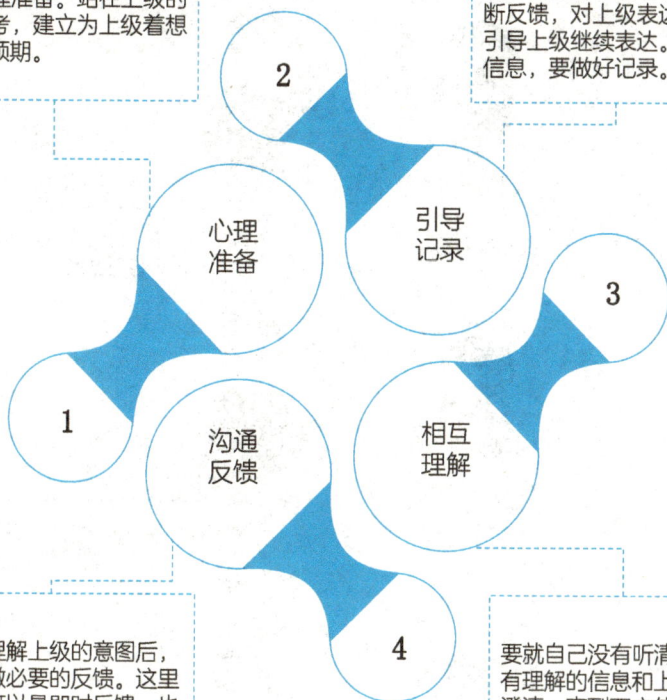

2

心理准备

引导记录

3

1

沟通反馈

相互理解

4

在完全理解上级的意图后，给上级做必要的反馈。这里的反馈可以是即时反馈，也可以约定在某个时间反馈。

要就自己没有听清楚，没有理解的信息和上级确认澄清。直到双方信息对称，理解一致。

小贴士

　　不论如何聆听，背后的核心都是真诚用心，而不是敷衍了事。如果怀着一颗善心，用心聆听上级，很多行为会自然表露，上级会感受到这一点。另外，如果上级传达的内容比较多，应当认真记录。这样做既可以防止信息遗漏，又可以在未来提醒自己，还体现了对上级的尊重，能给上级留下好印象。

2.2.3 精准站位：不同层级关心什么

问题场景

1. 为什么我特别关注的工作，上级总是不那么关注呢？

2. 因为处在组织中不同层级的人，职责的落脚点不同，视野不同，关注的工作重点也不同。

3. 那我岂不是很难知道上级到底关注什么？

4. 也不是，每个层级关注的重点是有一定规律可循的。

5. 具体是什么规律呢？

6. 高层更关注价值结果，中层更关注任务结果，基层更关注行为结果。

问题拆解

不同层级的工作落脚点不同，关注的重点也有所不同。高层视野格局更高，更关注战略愿景和远期发展，工作落脚点更宏观。基层工作更具体，更关注执行细节和短期任务，工作落脚点更微观。中层介于高层与基层之间，起到上传下达、承上启下的作用，介于两者之间。

方法与工具

工具介绍

不同层级关注重点定位

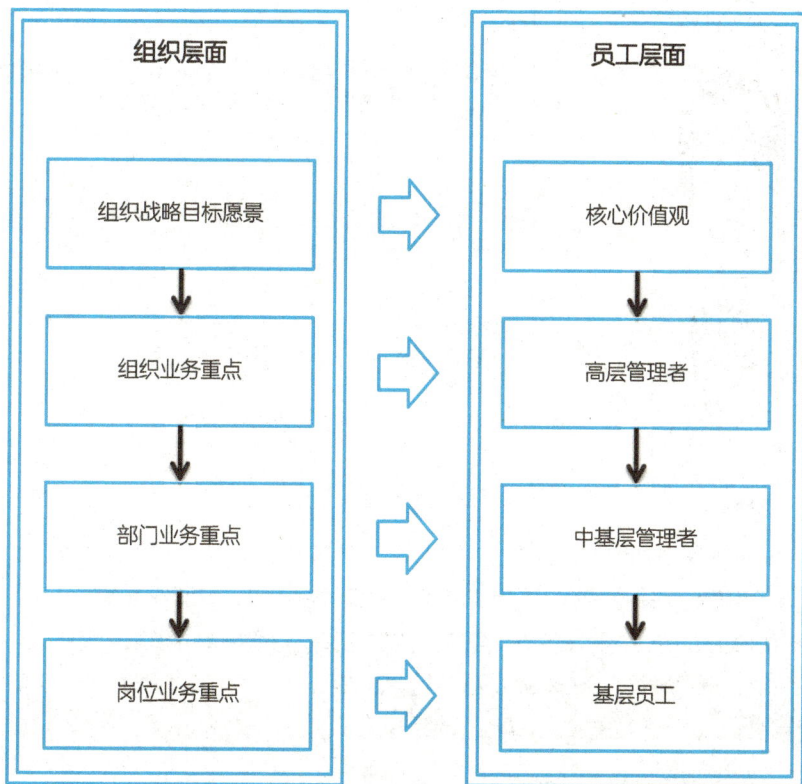

　　高层是团队的指路明灯，要处理复杂问题，要站在高维度思考问题，有大局观。中层是团队的中流砥柱，是腰部力量，一方面要关注高层的战略规划，另一方面要把握基层的工作执行。基层是团队的基石，要关注细节，并执行到位。

　　高层更关注价值，聚焦于如何带领团队创造更大的价值。

　　中层更关注任务，聚焦于如何保证员工运行好工作项目。

　　基层更关注行为，聚焦于如何让每一个行动都执行到位。

不同层级关注重点定位

组织层面	员工层面
组织战略目标愿景	核心价值观
↓	↓
组织业务重点	高层管理者
↓	↓
部门业务重点	中基层管理者
↓	↓
岗位业务重点	基层员工

应用解析

不同层级的关注点

	关注结果	关注侧重	层级特点
高层管理者	价值结果	聚焦最终价值，更关注团队层面创造价值	对整个团队负责；具备较强独立性；非程序化工作较多；工作内容不固定
中基层管理者	任务结果	聚焦整个任务，更关注任务完成情况如何	对某个部门负责；关注部门规划策略；既有灵活性又有固定性
员工	行为结果	聚焦具体事件，更关注事物数量或质量	工作程序化较高；工作内容较固定；目标职责较具体

小贴士

　　高层重点关注价值，不代表高层不需要关注行为。基层重点关注行为，不代表基层不需要关注价值。重点关注的含义是有所侧重，是第一落脚点。不论处在哪个层级，在关注本层级落脚点的基础上，也应看到别的层级的工作侧重，给予适当关注，具备全局视野。

2.2.4　关键词语：快速引起上级注意

问题场景

1 我总感觉上级对我说的话没兴趣，不知道是不是我的表达有问题。

2 人在听别人说话时，其实并不是听到完整的句子，很多时候注意力是放在寻找关键词上。

3 寻找关键词？也就是说，上级听我说话的时候，会寻找我语言中的关键词？

4 是的，你可以仔细想想自己听别人说话的时候，是不是也在无意识地寻找着关键词？

5 确实，那看来问题出在我的话中没有能引起上级注意的关键词！

6 很可能是这样，你可以在表达时加入一些上级关心的关键词。说这些关键词时可以加重语气。

问题拆解

　　在对话中，多数人的习惯是通过关键词获得信息。当提到对方比较敏感的关键词时，更容易引起对方的注意。如果对方长时间在对话中听不到自己感兴趣的关键词，则可能精力涣散。为吸引对方注意，可以在对话中加入对方可能特别关注的关键词。

方法与工具

工具介绍

关键词语

每个上级都有自己特别关注的关键词语，这些关键词语与上级所在的部门和近期的工作重点有关。例如，业绩部门的上级更关注赚钱、机会、客户、市场、竞争对手、成功失败等关键词；非业绩部门的上级更关注成本、损失、风险等关键词。

容易引起上级关注的 9 个关键词

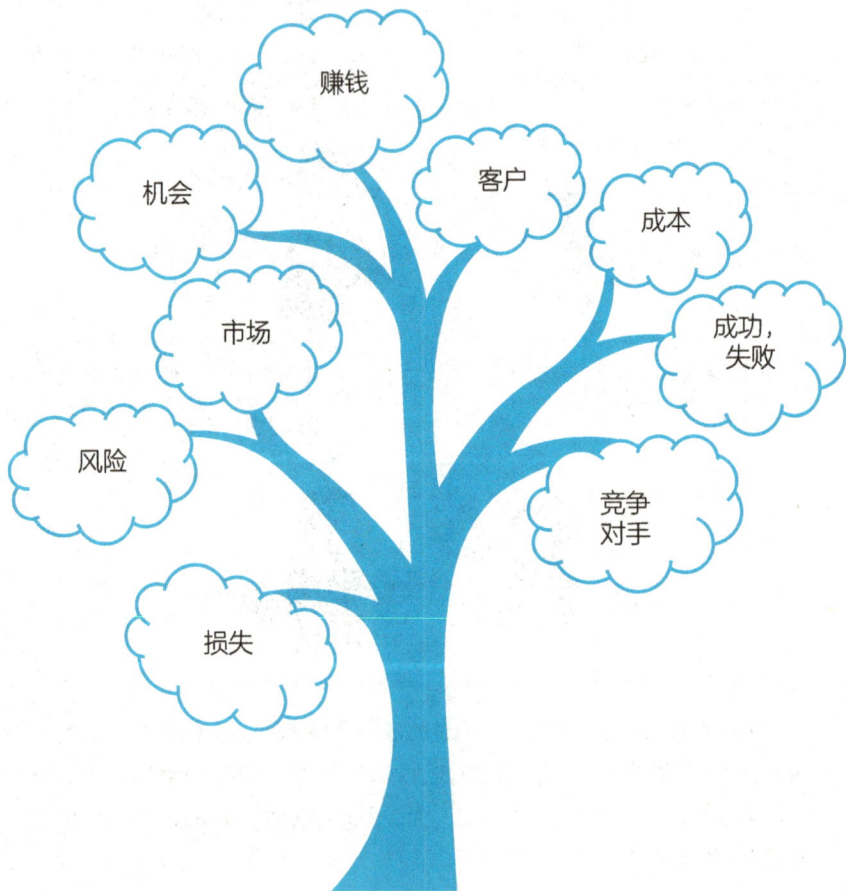

赚钱

机会

客户

成本

市场

成功，失败

风险

竞争对手

损失

2.3　汇报时需要注意什么

汇报时难免发生各类突发状况，应当有所准备和注意。通过将汇报内容提前分段，满足各种时间段需求。通过注意汇报过程中的禁忌，避免出现负面问题；通过运用汇报技巧，更快达成上级满意。

2.3.1 分段汇报：灵活掌控汇报时间

问题场景

① 我向上级汇报时常常被别的事打断。我经常汇报了一半，上级临时有事，下次接着汇报。

② 你以后可以采取分段式汇报。

③ 分段式汇报？

④ 就是把汇报内容打散拆开，分出段落层次，划定轻重缓急。

⑤ 然后怎么操作呢？

⑥ 汇报时，你应该先说重点，再讲细节；先讲主要内容，再讲次要内容；先讲结论，再讲结论产生的过程。

问题拆解

　　管理层级越高的上级，往往给下级整块的汇报时间越少。当上级能给下级的时间很少时，下级可以概括说明情况；当上级有时间，但时间不宽裕时，可以进一步说明情况；当上级时间相对较宽裕时，再说明完整情况。

方法与工具

工具介绍

分段汇报

分段汇报是把整个汇报内容分成多段，是一种万能的汇报形式，在正式汇报和非正式汇报中都可以应用。如果把分段汇报分成 3 段，可以按照"结论—原因—细节"的结构划分，有点像"论点—论据—论证"的 3 段论结构。

分段汇报的逻辑是把最重要的汇报内容作为第 1 段，先行汇报。当时间充裕时，可以展开说这个内容的原因和细节。如果时间不充裕，接下来的内容可以先不说，或者转换成文字内容，通过微信、邮件等形式发送给上级，供上级了解细节。

分段汇报示意图

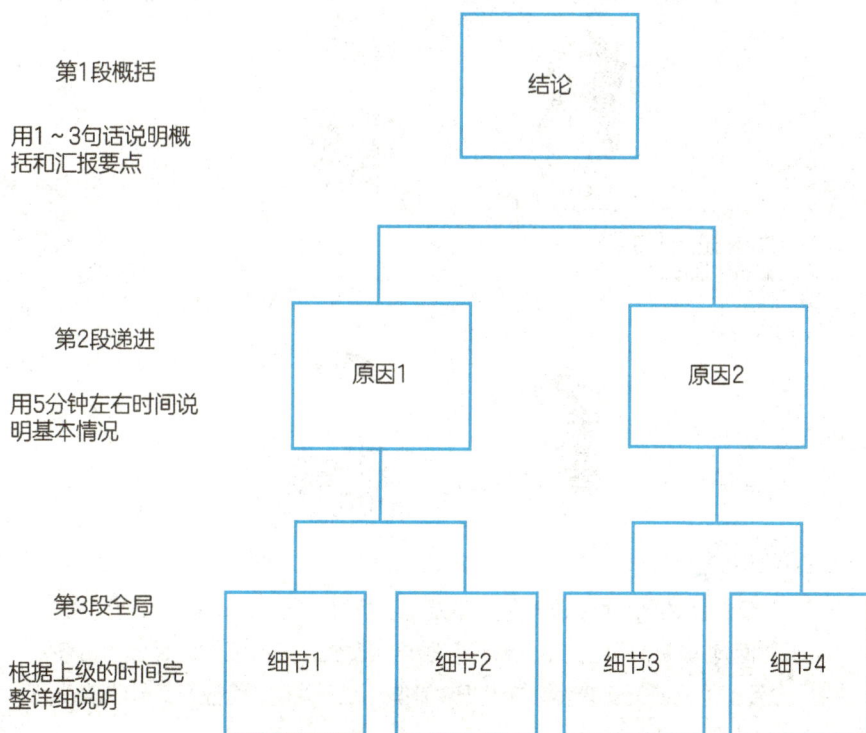

第1段概括

用1～3句话说明概括和汇报要点

结论

第2段递进

用5分钟左右时间说明基本情况

原因1　　原因2

第3段全局

根据上级的时间完整详细说明

细节1　细节2　细节3　细节4

2.3.2　汇报禁忌：千万不要这样汇报

问题场景

1　有一次我正在汇报，上级忽然打断我，并且表现得很生气。

2　你汇报时是不是说了什么不该说的话？

3　可能是有项工作出问题了，我说是另一个同事的责任，那个同事很多事情没做好，我就多说了几句。

4　不要在汇报中强调某件事是谁的责任，或是谁的问题，这是汇报中的大忌。

5　我后来自己也反省了，汇报时说是谁的责任没意义，直接汇报工作就好了。

6　不仅这一项，汇报中还有很多禁忌你都要注意。

问题拆解

　　上级听针对问题的工作汇报，不是为了听某个问题是谁的责任，而是为了听如何解决这个问题，如何预防问题再次发生。直接汇报这是谁的责任，会让上级认为你在推卸责任。在汇报中有些红线不能碰，要注意类似的禁忌。

方法与工具

工具介绍

汇报禁忌

与沟通中的禁忌类似，汇报中也有一些禁忌。有的禁忌甚至是高压线，不能碰，碰了之后不仅可能引发上级的反感，而且可能会断送自己的职业生涯发展。

汇报时常见的禁忌有 4 个：说模棱两可的话，把自己的责任推给别人，一味指责别人的问题，直接否定上级的观点。

汇报的四大禁忌

汇报时不要说模棱两可的话，汇报内容要明确，要用确切的语言表达，语气要肯定。模棱两可会让上级怀疑汇报内容的准确性。

不要把责任推给别人，不要向上级强调某些问题不是自己造成的，不要说某些问题全是别人的责任，这只会招来上级的反感。

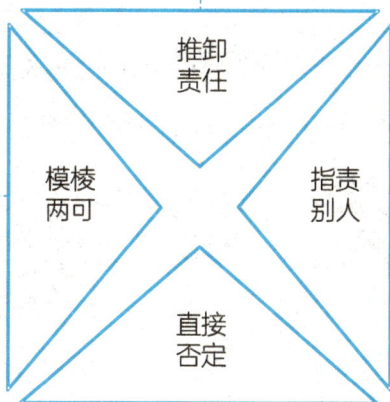

推卸
责任

模棱
两可

指责
别人

直接
否定

当上级就汇报内容提出某种意见或建议时，不要直接否定上级的意思。当上级就汇报内容布置某项工作时，不要直接说自己能力不足或做不到。

指责是一种个人观点，是一种对别人的评价。观点往往是主观的。汇报时多说事实，少说观点，对别人的评价留给上级去做。

应用解析

汇报时的四大误区

很多工作问题上级的认知不一定比下级更多。汇报的很多背景、细节、事实、数据等也许只有下级知道，上级并不清楚，所以不要以为上级什么都知道。

很多人以为上级很忙，没时间听自己汇报，有时尝试几次约不到上级后，就不愿意再打扰上级。实际上，汇报是必需的，不能觉得上级没时间就不汇报。

以为上级没时间

以为上级都知道

以为上级记得住

总向上级抛问题

岗位存在的价值就是解决问题。但有人喜欢把自己的问题推给上级，让上级替自己解决问题。这不仅是在显示自己的无能，而且会引起上级的反感。

很多人汇报时长篇大论，或因为汇报频率较少，喜欢短时间内传递过量信息。人很难在短时间内记住太多信息，每次向上级传递的重点信息最好在3条以内。

小贴士

如果上级忙，很难约到上级与之面对面汇报，可以通过社交软件、电子邮件、语音留言、电话、视频通话等形式汇报。如果采取面对面汇报，提前1天约不到上级时间，就提前2天约，提前2天约不到时间，就提前1周约。可以向那些能约到上级时间汇报的人学习。

2.3.3　汇报技巧：上级期望这样汇报

🔒 问题场景

1 很多时候，我不知道上级布置的工作应该如何开展。

2 你可以向上级提出问题，引导上级说出你想知道的答案。

3 对呢，我怎么没想到还可以向上级提问呢？之前没有这个习惯。

4 向上级提问不仅可以帮你发现想知道的答案，还可以引导上级做延伸思考。好问题会让上级对你留下好印象。

5 很有道理，看来以后我要养成提问的习惯，不懂就问。

6 汇报和提问都是有技巧的，不掌握技巧可能弄巧成拙，掌握这些技巧，汇报将越来越精彩。

问题拆解

　　下级不确定的信息可以向上级提问。很多人不提问，可能是因为不敢提问，也可能是因为不会提问。好的提问不仅能有效地发掘和延展信息，还可以提升上级对自己的好感。但提问也是有技巧的，不懂提问技巧，可能弄巧成拙。除提问之外，汇报还有其他技巧，掌握这些技巧能让汇报越来越精彩。

方法与工具

工具介绍

汇报技巧

　　沟通有沟通的技巧，汇报也有汇报的技巧，掌握汇报技巧，能让汇报事半功倍。

　　常见的汇报技巧有 4 个，分别是汇报前弄清楚上级关注的重点，保持乐观积极的态度，通过拆解找到难题的突破点，善于提问来引发上级的思考。

汇报的 4 个技巧

汇报前一定要想清楚上级关注的重点是什么。汇报时先说上级关注的重点，再说另外的内容。如果时间有限，可以只说上级关注的重点。

消极不能解决任何问题，不要抱着消极的态度汇报工作。就算汇报的是坏消息，也应抱着乐观积极的态度。

关注重点

乐观积极

拆解难题

善于提问

不要只盯着难题的难，应思考如何找到难题的突破点。找到突破点的关键是要有拆解难题的能力。

提问能够引发思考。在上级就汇报工作发表意见后，为确信双方信息理解一致，可以向上级提问，确认上级要表达的意义。

应用解析

提问的 4 种类型

汇报工作中提问时，要考虑问题是否有所启发，以及上级是否愿意回答。
根据某个问题上级是否愿意回答以及是否有启发效果，可以把问题分成4类，如下图。

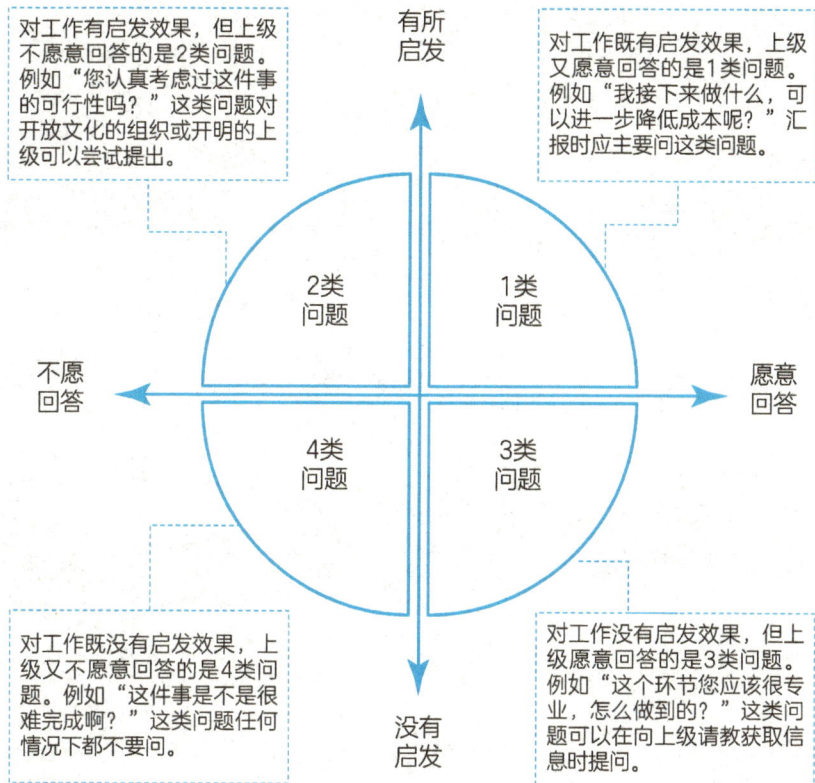

对工作有启发效果，但上级不愿意回答的是2类问题。例如"您认真考虑过这件事的可行性吗？"这类问题对开放文化的组织或开明的上级可以尝试提出。

对工作既有启发效果，上级又愿意回答的是1类问题。例如"我接下来做什么，可以进一步降低成本呢？"汇报时应主要问这类问题。

有所
启发

不愿
回答

愿意
回答

2类
问题

1类
问题

4类
问题

3类
问题

没有
启发

对工作既没有启发效果，上级又不愿意回答的是4类问题。例如"这件事是不是很难完成啊？"这类问题任何情况下都不要问。

对工作没有启发效果，但上级愿意回答的是3类问题。例如"这个环节您应该很专业，怎么做到的？"这类问题可以在向上级请教获取信息时提问。

小贴士

对工作是否有启发，是定位在工作绩效层面，有启发代表对工作绩效有积极作用，没有启发代表对工作绩效没有积极作用。上级是否愿意回答，是定位在上下级关系层面，上级愿意回答代表对上下级关系有积极作用，上级不愿回答代表对上下级关系没有积极作用。最好的问题是既能兼顾工作绩效，又能兼顾上下级关系。

03

口头汇报：用——语言高效传达信息

◈ **本章背景**

1. 到底是口头汇报好，还是书面汇报好呢？

2. 这不一定，除了要看场景，具体问题具体分析之外，还要看上级的特质。

3. 这个还跟上级的特质有关系？

4. 是的，如果是听觉型的上级，更喜欢听别人汇报，就比较适合采用口头汇报的形式。

5. 我总觉得语言传达的信息不如书面信息全面，很容易出现遗漏，所以重要工作我都采取书面汇报。

6. 不一定，如果面对的是听觉型领导，可以在提交书面汇报信息的同时做口头汇报。

背景介绍

　　人可以分成听觉型和视觉型两种，听觉型的上级更喜欢听汇报，视觉型的上级更喜欢看汇报。判断上级是听觉型还是视觉型，可以观察其平时更喜欢听，还是更喜欢看。对待听觉型的上级，应尽量采取口头汇报的形式。

3.1　不同时长如何汇报

　　不同时间长度，汇报的方式和重点有所不同。常见的 3 种不同时间的口头汇报分别是 1 分钟、10 分钟和 30 分钟。1 分钟的汇报强调短时间快速抓住人心，10 分钟的汇报强调突出重点，30 分钟的汇报强调全面系统地传达信息。

3.1.1 电梯汇报：1 分钟让人印象深刻

🔒 问题场景

1 上级忙的时候真难约，有时候我和上级只能在电梯里遇到。

2 电梯里是个很好的交流沟通场合啊，可以在电梯里做工作汇报。

3 电梯里也能做汇报吗？可有时候还有外人在啊？

4 有外人在时就不要汇报敏感或涉密信息，或者可以用上级听得懂的暗语代替。

5 可是在电梯里的时间那么短，做工作汇报能说清楚问题吗？

6 只要抓住要点，稍加练习，一定可以。就算不能完整汇报，也足够让上级抓住关键信息。

问题拆解

电梯是一个不可忽视的汇报场所。公关人员能在电梯里结识客户，业务人员能在电梯里谈成生意，下级也能在电梯里向上级汇报工作。要做好电梯汇报，下级要锻炼自己短时间内吸引上级注意力并传递重要信息的能力。

方法与工具

工具介绍

电梯汇报

电梯汇报的字面意思是在电梯里的汇报，实际上泛指短时间在某个临时场合，下级向上级的汇报，例如刚好和上级有一段顺路，沿途进行的汇报也可以理解为是一种电梯汇报。

电梯汇报的关键词是注意力，特点是时间短，成功的关键是在最短的时间，快速抓住上级的注意力，传递必要的信息，给上级留下最深刻的印象。

电梯汇报的 3 个关键

电梯汇报的时间有限，一般在1分钟左右。这么短的时间很难面面俱到地传递信息，必须说重点，而且一次只能说一个重点。

要在一个关键点上给上级留下深刻印象，必须充分说明和突出这个关键点的益处，也就是做或不做某件事的好处是什么。

只说
一点

突出
益处

控制
篇幅

正常人1分钟的语速为260～330个字，电梯汇报的篇幅一般应控制在这个范围内。一定要惜字如金，字字珠玑，长篇大论绝不适合电梯汇报。

3.1.2 概要汇报：10分钟有效传递重点

问题场景

1 上级有时候能给我10分钟时间，但对我来说还是不够用。

2 10分钟时间已经很长了，可以表达清楚很多信息。

3 可我有很多想表达的，有些比较复杂的事10分钟根本说不完。

4 10分钟没办法让信息面面俱到，应重点说概要。对要点的说明也要尽量精简。

5 有时候在重要会议上，我有10分钟时间汇报工作时也汇报得不好，经常超时。

6 你应该提前分配好内容结构，按照总分式结构先讲关键点，汇报时要把控住时间。

问题拆解

上级的碎片化时间（10分钟左右）是汇报的好时机。因为10分钟已经足够说明问题的概要，足够让上级对某项工作有充分的了解。10分钟的汇报看似时间较短，但做好充足的准备和演练，也可以精确传递重点。

方法与工具

工具介绍

概要汇报

概要汇报指 10 分钟左右时长的汇报。概要汇报的场景可以是在上级办公室里的面对面汇报，也可以是在会议室对众人的展示汇报。

概要汇报的关键词是重点，要在短时间内表达出事物的关键信息。

概要汇报的 4 个关键

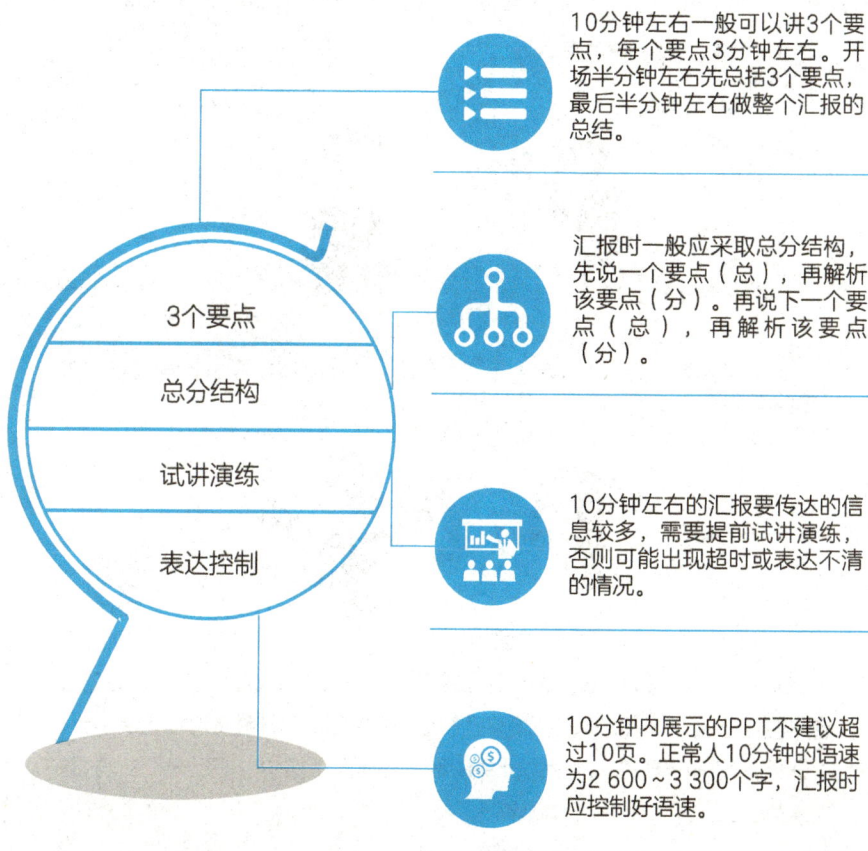

10分钟左右一般可以讲3个要点，每个要点3分钟左右。开场半分钟左右先总括3个要点，最后半分钟左右做整个汇报的总结。

汇报时一般应采取总分结构，先说一个要点（总），再解析该要点（分）。再说下一个要点（总），再解析该要点（分）。

10分钟左右的汇报要传达的信息较多，需要提前试讲演练，否则可能出现超时或表达不清的情况。

10分钟内展示的PPT不建议超过10页。正常人10分钟的语速为2 600～3 300个字，汇报时应控制好语速。

- 3个要点
- 总分结构
- 试讲演练
- 表达控制

3.1.3 演讲汇报：30 分钟保证表达全面

问题场景

1
在月度分析会上，我有30分钟时间可以专门做汇报，可是我每次都把握不好，经常看到上级听一会儿就走神了。

2
要么是因为你讲的内容太冗长了，要么是因为你没有讲到上级关心的事情。

3
那我可以参照概要汇报的方法做这类演讲汇报吗？

4
可以，假如有30分钟时间，就是3个10分钟。每个10分钟内可以参考概要汇报的方法，也可以重点说明一个问题。

5
这么长的时间，如何抓住上级的注意力呢？

6
可以在内容中增加一些有吸引力的亮点，每3分钟至少要有一个亮点。

问题拆解

　　演讲汇报过程中传递的信息应密度适中，不能为了表达欲加入过量信息，也不能为了凑时间加入没有价值的信息。演讲汇报不仅重在内容的展示，也重在信息传递的方式，为避免听众疲惫或注意力不集中，可以在汇报内容中加入亮点。

方法与工具

工具介绍

演讲汇报

演讲汇报指 30 分钟以上的汇报。演讲汇报的场景一般发生在会议室，可能是一对一汇报，也可能是一对多汇报。

演讲汇报的关键词是全面，特点是拥有一整段可以自由表达的时间和空间，成功的关键在于内容要有吸引力，在不冗长的前提下，把相关信息表达全面。

演讲汇报的 4 个关键

既然有整段时间做汇报，就要利用这段时间把事情说清楚。演讲汇报的内容应当全面，平时没有时间表达的重要信息可以借机表达。

演讲汇报时间长，听众容易走神，为抓住听众注意力，每过3分钟应设置一个吸引人的亮点。亮点不一定是内容方面的，也可以是表达方式上的。

信息全面

设计亮点

干货为主

内容展示

信息全面不代表要讲很多细枝末节，演讲汇报的细节同样要视情况表达，主基调依然是干货为主。另外，不要说客套话、语气词、口头禅。

为让信息表达更顺畅，整块时间的汇报最好配有视觉上的演示文稿。根据汇报时长，一般1~5分钟设置1页PPT。

3.2　不同方式如何汇报

　　口头汇报不是非要面对面，当上下级的物理空间不同步，但时间同步时，可以用电话进行口头汇报。当上下级的物理空间和时间都不同步时，可以用语音进行口头汇报。当上下级的物理空间不同步，但时间同步，有期望见到彼此或展示内容时，可以通过视频进行汇报。

3.2.1 电话汇报：穿越空间抓住注意力

问题场景

1 前面几种汇报方式都挺好的，可我有时候连上级的面都见不到，没机会汇报，怎么办呢？

2 就算见不着面，也可以打电话汇报嘛。

3 打电话能把工作说清楚吗？

4 电话汇报的主要作用不一定是把工作说清楚，而是让上级快速了解某类信息概况。

5 可我有时候不敢冒然给上级打电话。之前有次给上级打电话被嫌时间不合时宜，之后我也不敢随便打电话了。

6 直接给上级打电话是不礼貌的，你打电话前可以先通过社交软件或短信询问上级的时间是否方便。

问题拆解

当无法与上级面对面进行口头汇报，但遇到需要尽快进行口头汇报的场景时，可以采取电话汇报的方式。很多工作如果不快速通过电话向上级汇报，就可能出问题，过了时效后上级反而会埋怨下级。进行电话汇报时要注意职场礼仪，要提前与上级确认其方便接听电话的时间后再打电话。

方法与工具

工具介绍

电话汇报

电话汇报指通过电话进行的汇报。电话汇报的场景一般发生在下级有紧急且重要的事项需要口头汇报，但与上级存在物理空间距离，无法当面汇报时。

电话汇报的特点是只能在相同时间内通过声音汇报，进行电话汇报前应注意提前预约上级的时间，成功的关键是汇报内容要言简意赅，语言表达要清晰，同时要领会上级的意思。

电话汇报的 4 个关键

下级直接给上级打电话是不礼貌的，在电话汇报前，应提前和上级预约时间。确保上级有时间后，再进行电话汇报。

电话汇报时用的语言应言简意赅，省略不重要的内容。用最短时间传递最重要的信息。如果上级主动提出想知道某些细节，再说明该细节。

提前预约

言简意赅

边说边听

语调语气

电话汇报虽然是一种汇报，但应当边表达，边征询上级的意见。仔细聆听上级的要求，确保整个电话汇报过程是一种双向交流。

上级看不到下级电话汇报时的表情神态，只能通过声音获取信息。这就要求下级汇报时要控制语速，注意语气和语调。

3.2.2 语音汇报：让留言可以活灵活现

问题场景

1 有些时候我想和上级约电话汇报的时间，可上级很忙，约不上，怎么办啊？

2 如果上级时间不方便，用文字汇报内容非常多，上级又不喜欢看文字的话，也可以发语音，通过语音汇报。

3 对，也可以用语音汇报，就当是电话汇报了。这样比较省事。

4 不能把语音汇报等同于电话汇报来做。而且语音汇报可不一定省事。

5 难道语音汇报比电话汇报还难？我觉得语音汇报比电话汇报简单啊，因为不需要和上级对话。

6 语音汇报虽然不需要对话，但需要提前准备，不能完全用电话汇报的方式给上级发语音。

问题拆解

电话汇报是相同时间，不同空间的口头汇报。语音汇报是不同时间，不同空间的口头汇报。相同汇报的内容，采取语音汇报持续的时间通常比电话汇报更短。语音汇报过程中无法与上级互动交流，内容应更精练，确保汇报内容都是上级关心的。

方法与工具

工具介绍

语音汇报

语音汇报指通过社交软件发语音进行的汇报。语音汇报的场景一般发生在有重要但不紧急的工作需要向上级口头汇报，但与上级存在物理空间距离，无法当面且实时汇报时。

语音汇报的特点是不仅可以抛开物理空间的限制进行口头汇报，还可以抛开时间的限制进行口头汇报，成功的关键在于要提前准备汇报内容，语言应精练，尽量汇报上级关心的内容。

语音汇报的 4 个关键

进行语音汇报前，应提前做好准备。如果内容不多，最好有对照说明的文字稿。如果内容较多，也应有汇报大纲。没有准备直接发语音的效果往往是不佳的。

与电话汇报中可以有很多口语元素的语气助词不同的是，语音汇报虽然也应当口语化表达，但为了让表达精练，应尽量减少无意义的语气助词。

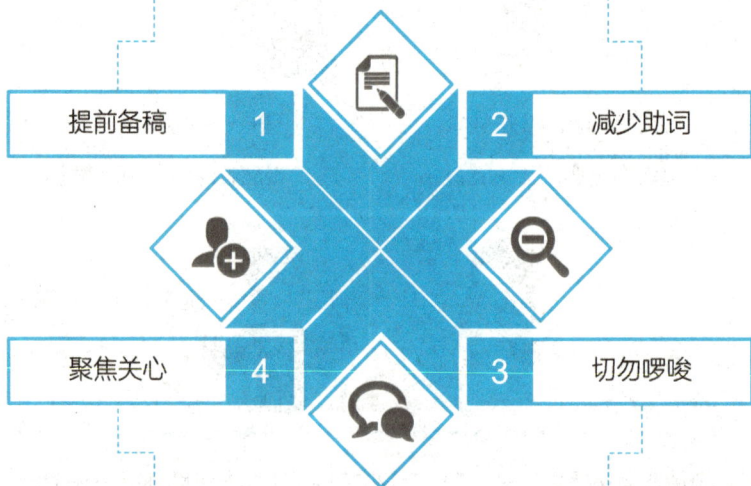

提前备稿	1	2	减少助词
聚焦关心	4	3	切勿啰唆

语音汇报一般并非实时与上级交流，获得上级反馈的时间具有滞后性，不利于下级掌握上级的想法。所以汇报内容应尽量保证是上级关注的。

语音汇报比电话汇报对语言的精练程度要求更高，言语应避免啰唆。电话汇报时基于强调和上级的关心，可以适当对某类信息做重复，语音汇报一般不应直接重复。

3.2.3 视频汇报：比面对面更抓住人心

问题场景

1 电话汇报和语音汇报没办法做内容展示，但有些内容最好能向上级展示，该怎么办呢？

2 这种情况可以采取视频汇报，既能让上级见到你，又能向上级展示内容。

3 视频汇报！这种形式听起来挺好的，我之前还真没试过。这样我在家穿着家居服也可以向上级汇报工作了。

4 在家做视频汇报确实可以，但要注意自身的职业形象。外表最好不要太随意，不然会给上级留下不好的印象。

5 这么说确实有道理，通过视频看到彼此，等于面对面汇报了。

6 视频汇报和面对面汇报之间的差异还是比较大的。

问题拆解

当上级和下级不在同一个物理空间，但又期望在汇报过程中展示内容时，可以采取视频汇报。视频汇报与面对面汇报的要点并不相同。面对面汇报时上级能看到下级的表情神态，从而获取信息，视频汇报是看不清表情的，但下级可以通过动作和语音语调传递信息。

方法与工具

工具介绍

视频汇报

视频汇报指通过网络视频进行的汇报。视频汇报的场景一般发生在上级与下级处在不同空间，但期望看到展示内容而进行的汇报。

视频汇报的特点是可以在相同时间，抛开物理空间限制进行等同于面对面的口头汇报，成功的关键是应保障网络畅通，保持形象，适度进行内容展示，注意动作语调。

视频汇报的 4 个关键

视频汇报前要提前调试声音和画面，保证网络画面畅通，保障视频过程不会出现卡顿。最好要有网络出问题时的应急方案。

视频汇报时上级能看到下级的形象，这时下级要比平时更加注意形象，不可以不修边幅，不然会让上级觉得下级不重视。

网络畅通

形象适宜

内容展示

动作语调

视频汇报是一种有画面的汇报，不仅可以让上级看到自己的形象，也可以向上级展示汇报内容。汇报大纲或关键信息等可供展示的内容，应尽量一并展示。

视频汇报很难通过面部表情传递信息。因为通过屏幕，上级往往很难看清楚下级的表情。下级可以通过动作传递肢体语言，通过语音语调传递更丰富的信息。

3.3　不同场景如何汇报

　　在各类特定应用场景中也会频繁用到口头汇报，比较常见的场景包括对工作进度的汇报，对风险的汇报，即兴汇报和路演汇报。当然，这些场景也并非口头汇报的专利，可以口头汇报和书面汇报相结合。

3.3.1 进度汇报：同步阶段进展和问题

问题场景

1 有时候上级布置给我很多工作，头绪太乱了，我不知道后续该怎么汇报，怎么办呢？

2 对上级布置的工作和手头的重要工作，主要应做进度汇报。

3 就是告诉上级工作进展到哪一步了是吧？这听起来挺简单的。

4 进度汇报不仅要说明进度，还要说明问题。只要是工作，必然存在问题，要有发现问题的眼睛。

5 明白了，进度+问题，不难，我以后就这样做进度汇报了。

6 说问题不是目的，解决问题才是目的，要带着方案汇报，要分析问题，并说明问题的解决方案。

问题拆解

对上级布置的工作或自身比较重要的工作，要阶段性地做进度汇报。进度汇报有助于上级掌握信息，了解下级的工作进展情况，增强上级的掌控感。除了说明进度外，实施进度汇报的关键是发现问题、分析问题和解决问题。

方法与工具

工具介绍

进度汇报

进度汇报指针对工作的进展情况实施的汇报。进度汇报的场景一般发生在上级向下级布置了某项工作，或下级手头有某个项目类工作，需要向上级汇报。

进度汇报的特点是以说明某项具体工作的完成情况为核心，成功的关键是除了说明工作进展外，还要发现问题、分析问题和解决问题。

进度汇报的 4 个步骤

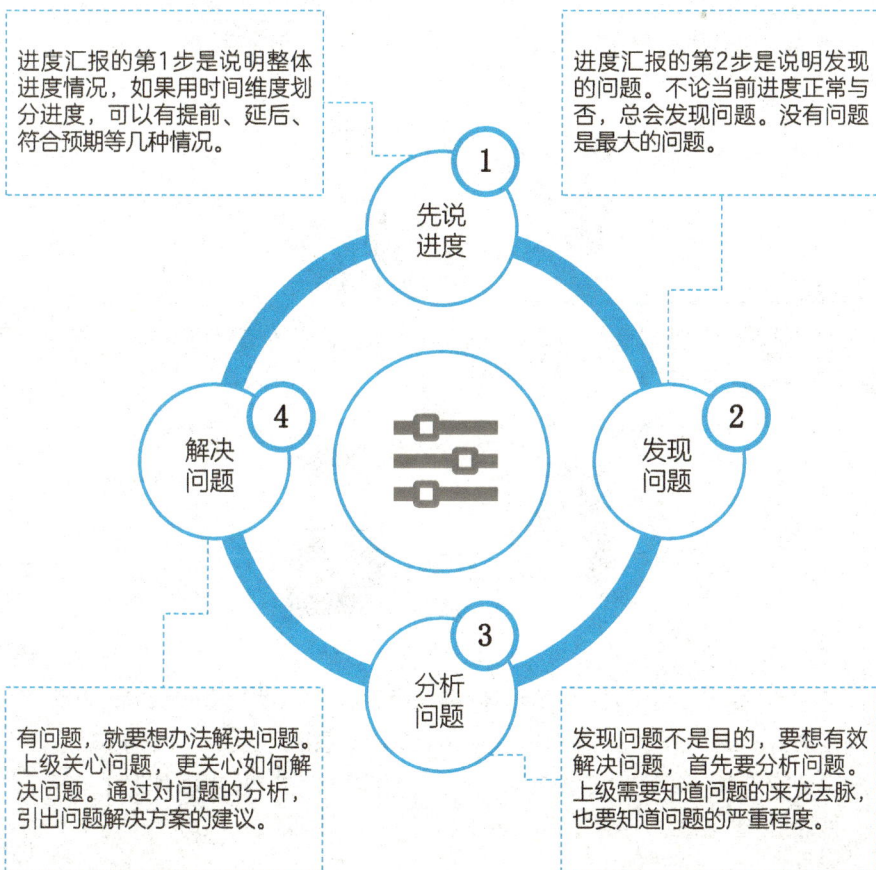

进度汇报的第1步是说明整体进度情况，如果用时间维度划分进度，可以有提前、延后、符合预期等几种情况。

进度汇报的第2步是说明发现的问题。不论当前进度正常与否，总会发现问题。没有问题是最大的问题。

1 先说进度

4 解决问题

2 发现问题

3 分析问题

有问题，就要想办法解决问题。上级关心问题，更关心如何解决问题。通过对问题的分析，引出问题解决方案的建议。

发现问题不是目的，要想有效解决问题，首先要分析问题。上级需要知道问题的来龙去脉，也要知道问题的严重程度。

3.3.2 风险汇报：客观表述问题和建议

问题场景

1 有时候我发现了一个风险，但迟迟找不到机会向上级汇报，这样是不是有很大隐患呀？

2 确实，当你发现风险时，一定要及时向上级汇报，风险越大，越应当立即汇报。

3 可我有时候也不好判断风险到底有多大啊？

4 可以根据风险发生的可能性和发生风险之后的严重性来综合判断风险大小。

5 风险发生的可能性越大，发生风险之后的严重性越大，代表风险越大是吧？

6 是的，你在向上级做风险汇报时，也可以从这两个维度客观说明风险大小。

问题拆解

　　当下级发生风险时，应及时向上级进行风险汇报。约不到上级的时间不是理由，汇报的方式有很多种，可以选择既容易联络到上级，又能清楚表达风险的方式。风险越大，越应及时汇报。判断风险大小可以用风险发生的可能性和严重性来综合判断。

方法与工具

工具介绍

风险汇报

　　风险汇报指围绕工作中可能存在的风险开展的汇报。风险汇报的场景一般发生在当下级发现了某个风险，这个风险可能造成某种影响时。

　　风险汇报的特点是不论风险大小，都应及时主动向上级汇报，不能拖，成功的关键是客观表达风险，说明风险的严重性，同时给出应对风险的方案建议。

风险汇报的 4 个步骤

风险问题不能拖，当发现较大的风险应立即和上级约时间汇报。就算是较小的风险，也应及时汇报，不要因为风险小而不重视。

说明风险问题时要客观，不能因为存在这类问题可能代表自己工作没做好而把问题说小，也不能为促进上级采取某种行动而夸大问题。

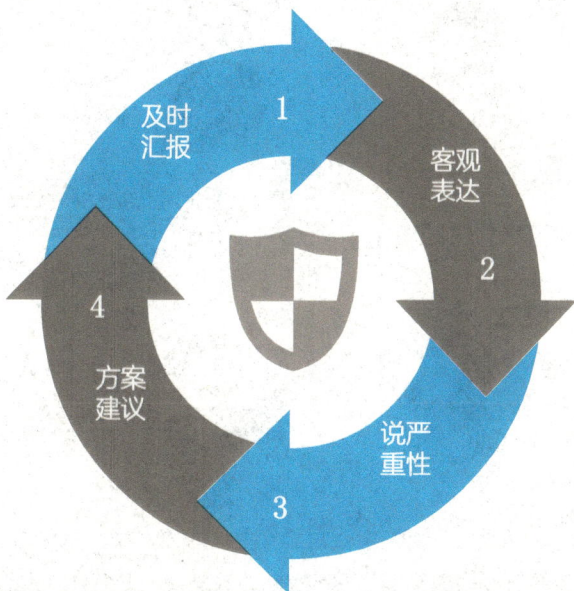

汇报的最后，应加入应对风险的方案或建议。需要注意的是，方案或建议应尽可能以较少地损失效益、效率、成本为代价。

要向上级客观表达风险的严重性，既然是风险，就对应着发生风险的可能性和风险对应的后果。风险的后果可能有不同的上限和下限。

3.3.3 即兴汇报：提前准备好这些框架

问题场景

1 平时常遇到这种情况：我准备好想汇报时，上级没时间；我还没准备好时，上级主动找我去向他汇报。我总措手不及，该怎么办？

2 也许是你和上级的时间不凑巧，也许是上级故意想试探你对工作的了解程度呢。

3 再遇到这种情况我可不可以直接说自己没准备？

4 一定不要这样，这样很可能会让上级对你产生负面评价。有汇报的机会，就要尽力抓住。

NO!

5 那我以后再遇到这种情况该怎么办呢？

6 生活没有彩排，每时每刻都是现场直播。你要随时做好准备，平时要对上级关心工作的情况了然于胸。

问题拆解

　　工作中不是什么时刻都能让下级提前做好准备，下级总会遇到需要即兴汇报的场景。当需要即兴汇报时，下级不能逃避，既然不能在汇报前做准备，那就在平时做足准备，把重点信息装进脑袋，锻炼自己可以随时汇报的能力。

方法与工具

工具介绍

即兴汇报

即兴汇报指在没有事先准备的情况下进行的汇报。即兴汇报的场景一般发生在上级临时提出要求，或下级有偶然的机会需要临时向上级汇报时。

即兴汇报的特点是在时间、空间、汇报形式和汇报内容上都有很大的随机性，成功的关键是提前一定要知道上级关心的工作以及手头与创造价值相关性最高工作的情况。

即兴汇报的 4 个关键

在即兴汇报中，上级最容易主动问到的就是自己关心的工作。要做好即兴汇报，下级需要对上级关心的工作了如指掌，做到对答如流。

有备无患，即兴汇报不能临时抱佛脚，不能在汇报前有针对性地准备，那就在平时随时做好准备，要随时关注手头重要工作的进展。

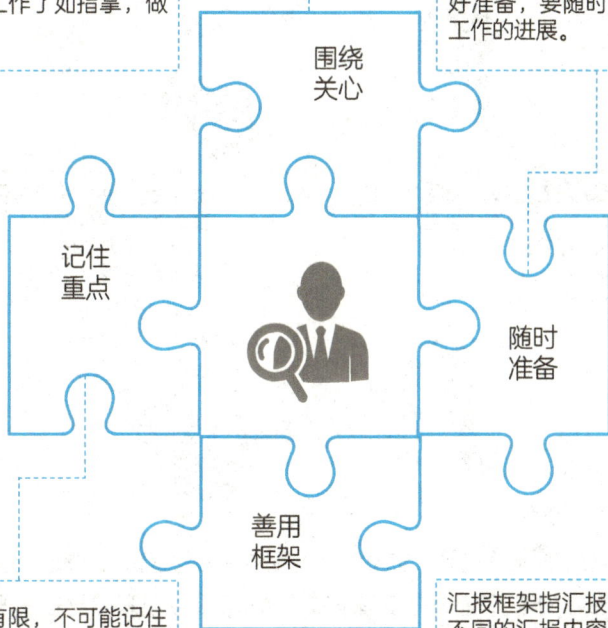

围绕关心

记住重点

随时准备

善用框架

人的记忆力有限，不可能记住每项工作的所有细节，但记住一些关键数字或关键成果相对比较容易，而且也能让上级快速抓住重点。

汇报框架指汇报的语言结构。不同的汇报内容可以有不同的汇报框架。例如"总一分一总"结构，或"结论一原因一建议"结构。善用框架可以让汇报更清晰。

3.3.4　路演汇报：用好故事来激发兴趣

问题场景

1　之前上级和我一起设计公司项目路演的汇报稿件，我们设计了好几版，但老板还是不满意。不知道老板要什么，该怎么办？

2　老板要的是能吸引投资人，因此设计路演汇报的落脚点应该放在投资人的关注点上。

3　原来如此，我之前设计路演汇报总是按照公司内部汇报工作的逻辑，但路演汇报是给外部人看的。

4　没错，外部人士对项目情况并不了解，有些内部习以为常的，外部人士并不知道。

5　看来要做好路演汇报，我要站在外部投资人的视角思考问题，一些我们已知的东西，也应该多加入项目介绍中。

6　多不是关键，关键是要吸引人，要增加那些有吸引力，能快速抓住注意力的内容，不然投资人反而没有兴趣。

问题拆解

　　与内部汇报不同的是，路演汇报的受众是外部投资人。投资人对项目信息掌握较少，不仅期望充分了解信息，也期望从中发现自己感兴趣的内容。所以要做好路演汇报，应当转变视角，以外部投资人的角度准备汇报内容，同时要让汇报内容有足够的吸引力。

方法与工具

工具介绍

路演汇报

路演汇报指面向外部人群的汇报。路演汇报的场景一般发生在吸引外部投资、寻找外部客户、向客户推荐产品或推荐某种理念等情况下。

路演汇报的特点是听众是外部人员，一般是外部的投资人或客户，是路演汇报结束后可能付费成交的人，这就需要路演汇报要具有比较强的煽动性，要有吸引人的故事，要有对未来的展望，要在汇报结束后促成行动。

路演汇报的 6 项关键内容

故事最容易抓住人心。路演汇报中的故事应当有吸引力，故事中可以包含某种寓意和对未来的展望。

要向投资人说明项目所在的行业和市场情况，说明对应的产品和服务情况，要重点说明自身优势。

投资人关注项目的可行性、可持续性和可扩展性。应清楚说明所在的行业情况，以及商业模式。

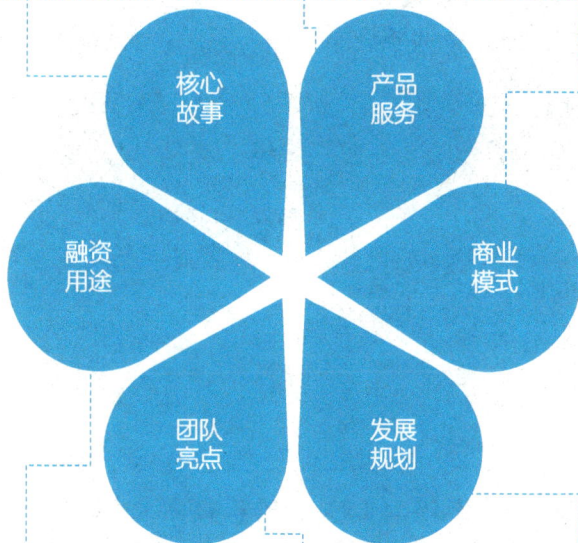

核心故事

产品服务

融资用途

商业模式

团队亮点

发展规划

面对投资人的汇报一定要说明融资用途，钱要用在刀刃上，要让投资人觉得这部分资金值得投入。

任何项目都是由人完成的，团队质量直接决定了项目的完成质量，团队亮点决定了投资人的关注度。

当前的好不代表未来会好，投资人关注项目未来的发展，关注是否有比较大的愿景和发展空间。

应用解析

成功商业模式必须满足的 3 个关键

商业模式的逻辑是相通的：有基本的盈利模型，能实现盈利。如果某个项目看起来很美好，但不具备能够被验证的盈利方式，则不具备可行性。

商业模式的逻辑可以持续运行，不是只能盈利一次或几次。如果某个项目只能在短期盈利，长期看会遇到困难或断层，则不具备可持续性。

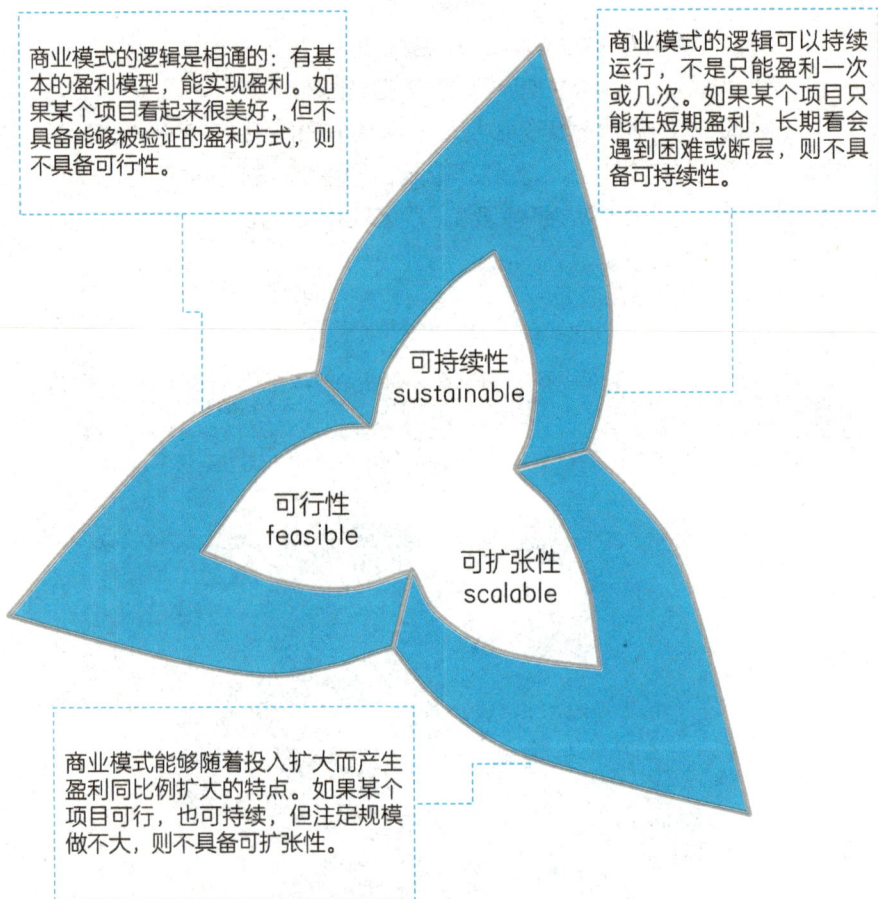

可持续性
sustainable

可行性
feasible

可扩张性
scalable

商业模式能够随着投入扩大而产生盈利同比例扩大的特点。如果某个项目可行，也可持续，但注定规模做不大，则不具备可扩张性。

小贴士

投资人投资项目是非常谨慎的，一般来说，商业模式要同时满足可行性、可持续性和可扩张性 3 个特征时，才代表项目值得做。当同时满足这 3 个特征时，商业模式才能形成闭环。只有当商业模式在逻辑上形成闭环时，投资人才可能感兴趣。

04

书面汇报：通过——
汇报展现成果

◆ **本章背景**

1 前面说针对听觉型的上级，采取口头汇报更佳，那针对视觉型的上级，主要应采取书面汇报是吧？

2 是的，视觉型的上级更喜欢看到可视化的内容。

3 那我是不是应该重点学习一下PPT的设计技巧？

4 学习PPT设计技巧不是坏事，但可视化不仅是通过PPT呈现的，Word和Excel同样可以用来呈现汇报内容。

5 原来如此，那我是不是要再学习一下Word和Excel的使用技巧？

6 软件应用是"表"，汇报逻辑是"里"，把汇报内容写到点上，再用好软件，才能表里如一。

背景介绍

　　对视觉型的上级，适合采取书面汇报形式。书面汇报虽然是可视化的汇报形式，但这种汇报形式的关键并不是软件应用，而是内容呈现逻辑。软件是内容呈现的载体，根据不同场景，按照何种逻辑来呈现汇报内容，才是书面汇报的核心。

4.1 不同工具如何汇报

书面汇报可以用到各类工具，比较新颖的即时通信工具——微信可以作为书面汇报工具；商务上比较正式的电子邮件可以作为书面汇报工具；最传统的纸面也可以作为书面汇报工具。每种书面汇报工具各有特点，应用时各有不同。

4.1.1 微信汇报：简短迅速达成目的

问题场景

1 很多时候想给上级打电话口头汇报，可不知道上级那边什么情况。

2 不确定上级的情况时，可以先给上级发微信，或者直接用微信汇报。

3 什么？微信也可以汇报吗？

4 微信可不仅是聊天工具，还是一种沟通渠道。既然是沟通渠道，当然可以用来汇报工作了。

5 可是用微信说得清楚问题吗？

6 这就要考验简短文字表达能力了。好的微信汇报不仅能说清楚问题，而且能快速吸引上级的注意力。

问题拆解

　　当不确定上级身边的情况，不适合贸然给上级发语音或打电话，但又急需上级知道当前的工作状况时，可以通过微信文字向上级汇报。任何沟通渠道都可以作为汇报的手段，微信作为一种沟通渠道，当然也不例外。

方法与工具

工具介绍

微信汇报

微信汇报的字面意思是通过微信软件进行书面汇报，实际上泛指一切通过网络社交类软件进行的书面汇报。微信可以发语音，前文已探讨过语音汇报，本节仅探讨微信的文字汇报。

微信汇报的特点是用最简短的文字内容，将汇报内容表述清楚，成功的关键是通过简短的文字表达，传递重要信息，快速抓住上级的注意力。

微信汇报的 3 类场景

当下级需要上级审批某类工作时，可以用微信汇报。例如某个项目的财务预算，某类文件的发布时间，某项工作的资源需求。

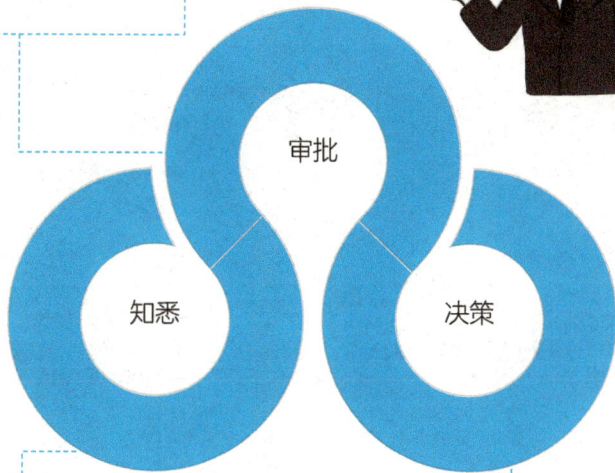

审批

知悉

决策

当下级需要上级知悉某项工作进展时，可以用微信汇报。这项工作通常是上级比较关心的事项，或上级布置的工作。

当下级需要上级做出决策或指示时，可以用微信汇报。例如在多个方案中选择其一，或某项工作应如何开展。

应用解析

微信汇报的 3 段结构

微信汇报的开头，要明确需要上级了解什么，要说明汇报的工作重点，要交代清楚这项工作的背景和具体情况。

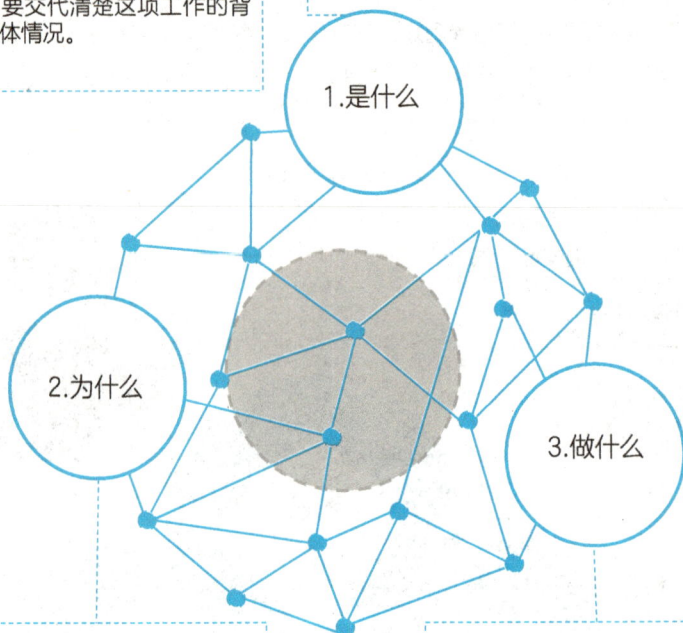

1.是什么

2.为什么

3.做什么

微信汇报的中间，要说清楚为什么上级应当关注这项工作，要说明原因，分析清楚情况。

微信汇报的最后，要说清楚需要上级做什么。如果不说清楚，上级很可能忽略掉这条信息。

小贴士

下级通过微信汇报工作后，一般需要上级回复反馈。为促进上级反馈，下级可以在微信汇报最后，明确提出期望上级做出何种反馈，并可以写清楚期望上级反馈的时间。

4.1.2   邮件汇报：正式汇报留下证据

问题场景

1. 有时候我明明向上级汇报了某项工作，上级也给了明确的批示，我按照上级的批示做了，可上级后来却不认可。

2. 多数情况应该是上级的工作比较多，忘记了。当然，也不排除上级是故意的。

3. 那我该怎么办呢？遇到这样的事，我总不能装作什么都不知道吧？

4. 你可以用电子邮件做书面汇报，尤其是工作请示，这样上级就要用电子邮件回复，方便留下证据。

5. 这是个好办法，不过有时候上级看完后会忘了回复，这种情况该怎么办呢？

6. 可以在邮件中明确写出需要上级回复的时间。如果上级过了时间仍未回复，可以再发一封邮件予以提醒。

问题拆解

当需要为书面汇报过程保留证据时，可以采取电子邮件汇报的方式。这里的证据不仅包括汇报工作时发送的原邮件，还包括上级通过电子邮件回复的批示意见。为促使上级回复邮件，可以在邮件正文中说明期望上级在什么时间给予回复。

方法与工具

工具介绍

邮件汇报

电子邮件是商务沟通的常用方式，用电子邮件汇报也是书面汇报的常见方法。用电子邮件做书面汇报有三大好处：一是相比用微信等社交类软件更正式；二是可以书写的内容比较多，且可以插入附件，传递的信息量大；三是有助于留下证据。

写电子邮件时，可以按照"结论—问题—原因—总结"的4段结构来写。

邮件汇报的4段结构

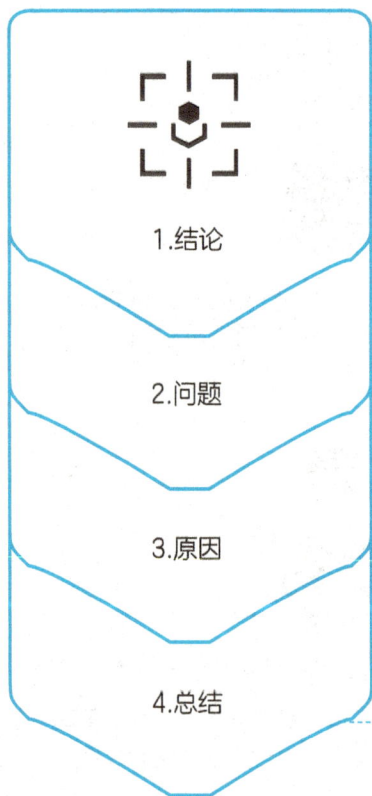

1.结论

开头第1段，要先说明汇报工作的结论。说清楚需要上级知道什么，希望上级在什么时间做什么，说明汇报该工作的价值或意义是什么。

2.问题

第2段，要说明问题。讲清楚当前存在的问题是什么，这些问题对团队和上级有什么意义，解决这些问题能获得什么价值，这些问题的严重性如何。

3.原因

第3段，要把原因分析清楚。讲清楚当前这些问题为什么会发生，发生的机理是什么，如何防止这类问题再次发生。

4.总结

最后第4段，要做出总结。重复前面得出的结论，可以适度升华，把需要上级做什么再重复一遍，强调时间要求。

应用解析

邮件汇报的 4 点注意事项

电子邮件是比较正式的商务沟通工具，写电子邮件应当用正式的书面语言，内容精练，减少口语表达，不要用电子邮件唠家常。

电子邮件的抄送功能可以让更多人看到邮件内容，知悉工作情况。邮件汇报时，应当正确使用抄送，让需要知道信息的人掌握该信息。

正式
语言

正确
抄送

口述
配合

注意
时间

如果只看文字内容，可能存在不理解或误会，所以通过电子邮件做书面汇报后，最好配合相应的口头汇报。

这里的注意时间有两层含义，第一层含义是注意在电子邮件中注明需要上级关注的时间，第二层含义是注明发送电子邮件的时间。

小贴士

很多人有清空和删除电子邮件的习惯，这其实不利于保留就工作问题交流沟通的证据。可以删除垃圾邮件、广告邮件等与工作无关的邮件，则应当长期保留与工作汇报有关的邮件。为了保留证据，务必要保存好自己的汇报邮件，若非必要，不要轻易删除这些邮件。

4.1.3　纸面汇报：用一页纸看透全局

问题场景

1 我们公司有位高管，每月向董事长汇报一次，每次都是手写一页A4纸，我觉得这种方式挺有意思的。

2 这种汇报方式简洁明了，喜欢看纸面内容的管理者会非常喜欢。

3 可惜我字写得不太好看，太久不写字了，不习惯用纸面来做汇报。

4 纸面汇报不一定非要用手写，也可以用计算机打印。

5 也对，用计算机打印出来，比发电子邮件更正式一些。

6 就算手写，只要保证工整、上级看得懂就可以，不一定追求写的字有多好看，上级能感受到你的用心。

问题拆解

当上级比较喜欢看纸面内容时，适合采用纸面汇报。纸面汇报比邮件汇报更正式，会让上级更重视汇报内容，也会让上级觉得下属对工作很重视。字写得好看是纸面汇报的加分项，但不是必选项。

方法与工具

工具介绍

纸面汇报

纸面汇报是用纸面为载体进行的书面汇报，特别适合应用于向喜欢看纸面内容的上级汇报时。

纸面汇报最好用一页纸把问题说清楚，可以手写，也可以打印，手写汇报更能显示自己对工作的重视，但要注意字迹书写工整，让上级能够看懂。

运用纸面汇报的 4 个关键

纸面汇报一定不能长篇大论。一页A4纸能写600字左右，但会显得拥挤。为了让页面干净整洁，通常只写总结和书写要点。

既然是写要点，文字通常不如数字有力度。数字能快速抓住上级的注意力。所以在书写要点时，最好每个要点中都加入数字。

总结要点

多用数字

结合口述

做好备份

纸面汇报不适合长篇大论，虽然能让上级快速看到要点，但没有办法了解细节。所以在做纸面汇报时，最好与口头汇报相结合。

不论手写或打印，都要做好纸面汇报的备份，不仅是为了留下证据，也是为了让自己回顾和复盘之前的汇报内容，便于做出改进。

应用解析

删减纸面汇报内容的 4 个步骤

冗长的开头容易让上级直接放弃阅读。有的纸面汇报开头铺垫过长，写了很多内容都没进入主题。当纸面汇报内容进入主题比较慢时，首先要删除开头。

不同于口头汇报，纸面汇报中的每个句子都应表达单独的含义。有些句子表达的含义是相似的，属于重复表达，这类语句应当被删除。

删开头 ①

③ 删句子

删段落 ②

④ 删词语

纸面汇报最好用1页纸把事情说清楚。这就要求纸面汇报的段落不能太多，一般不超过5段。多余的段落会减少阅读欲望。

最后，可以删除不必要的代词、连接词和形容词等。句子中难免存在一些多余的词语。例如"我们""大家""应该是"，可以视情况删除；"X的时候"可以精简成"X时"等。

小贴士

纸面汇报的初稿是为了保证表达全面，可以做加法，但终稿要尽可能做减法，要惜字如金，句句珠玑。要想用最简短的文字表达最多的意思，快速抓住上级的注意力，对纸面汇报内容的删减工作也是非常关键的。

4.2 不同需求如何汇报

口头汇报和书面汇报在很多应用场景下是重合的，但有些场景更适合书面汇报，比较常见的场景包括 3 类，分别是项目立项时做的书面汇报，述职时做的书面汇报和实施检查后做的书面汇报。

4.2.1　立项汇报：项目意义引人入胜

问题场景

1　最近手头几个项目进展都不顺利，上级对此很不满意。

2　你在项目开始前，有没有做立项汇报？

3　上级知道这几个项目，所以没有专门做立项汇报。

4　这就是问题，每个项目开始前，都要向上级做一次正式的立项汇报，要形成书面内容。

5　这种立项汇报都需要包含哪些内容呢？

6　可以包括为什么做这个项目，这个项目能带来什么，做这个项目需要什么，等等。

问题拆解

立项汇报是项目开始前与上级确认项目启动的重要工作。立项汇报如果不全面，说明没有事先规划和想好项目的整体框架。这时如果盲目开始实施项目，很可能导致项目实施不下去，或项目实施后偏离原本的核心目的。

方法与工具

工具介绍

立项汇报

立项汇报是开展项目前的必备工作，通常是由项目发起人牵头实施的。

立项汇报的主要作用是明确项目的交付物，明确项目的参与者和各方职责，明确项目实施需要的资源，以及明确项目的时间进度。

立项汇报的六大核心内容

包括项目的核心目的、最终目标或阶段性目标。目标决定了项目的交付物，同样也是评判项目最终是否成功的关键。

包括项目需要的财务资源、人力资源，有的项目还需要一些外部资源，可能需要相关方的支持。我们在项目开始前，要把项目需要的所有资源罗列清楚。

项目经理和团队成员有不同的分工，有各自的权限、责任和利益。事先将权责利划分清楚，才不会在项目开始后出现权责利分配不清导致的低效问题。

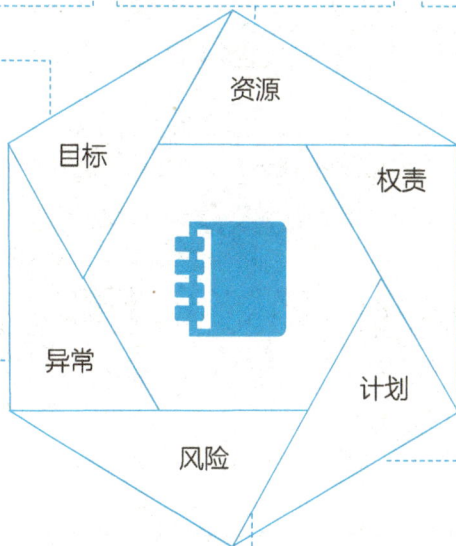

资源

目标

权责

异常

计划

风险

项目运行过程中难免出现各类异常状况，有可能导致项目延期、修改或取消。项目开始前要提前定义哪些属于异常状况，以及这些状况出现时如何应对。

风险无处不在，一切项目都存在风险。在项目开始前，我们要评估项目可能出现的风险，以及这些风险可能造成的损失，提前做好风险预案。

提前制订完成目标的行动计划。计划中要包含不同截至日前应完成的项目进度，以及关键事项的描述和定义。

应用解析

立项汇报内容的 4 个关键

在项目开始前我们要做充分的分析，分析当前的内外部形势、实施项目时可能出现的障碍和风险、项目成功需要的条件、完成项目需要的行动。

项目是基于需求产生的。这里的需求可能是业务层面的需求、业务关联方的需求，也可能是功能方面的需求、非功能方面的需求。

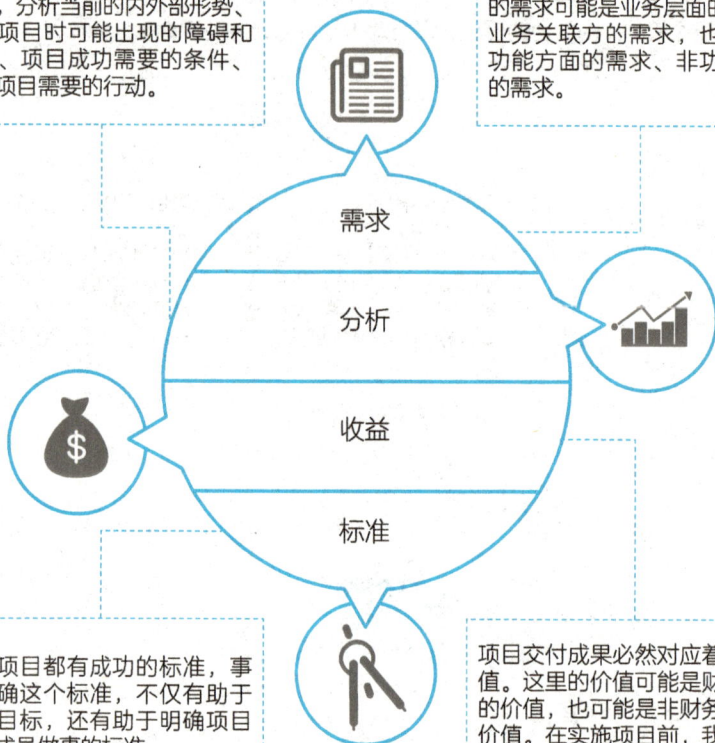

需求

分析

收益

标准

每个项目都有成功的标准，事先明确这个标准，不仅有助于确定目标，还有助于明确项目团队成员做事的标准。

项目交付成果必然对应着某项价值。这里的价值可能是财务方面的价值，也可能是非财务方面的价值。在实施项目前，我们要做好项目的成本收益测算。

小贴士

立项汇报的本质是项目的事前管理。如果没有这部分事前管理，项目经理不知道项目顺利运行需要的资源，不知道影响项目的限制时，很容易出现项目运行到一半卡壳的情况。当项目出现问题时，项目经理甚至可能不知道自己需要用什么来推进项目的顺利实施。

4.2.2 述职汇报：展示成果价值意义

问题场景

1 前一阵，上级突然让我们每个人做书面的述职汇报。述职汇报不应该在年底进行吗？

2 不一定，述职汇报是上级对下属工作的摸底，上级完全可以根据需要来定述职汇报的时间。

3 好吧……一切听上级安排……

4 有时，上级想给某重要岗位找接班人选，也会要求下属做述职汇报，说不定会有升职加薪，你可要抓住这个机会呀。

5 可我平时也没准备，这临时让我做述职汇报，真不知道该从何说起。

6 所以你平时就要定期做好对自己工作状况的复盘和对自己工作成果的提炼。

问题拆解

　　述职汇报不一定按年度进行，不一定在每年某个固定时期进行，还可能因为其他原因开展，例如轮岗述职、竞聘述职等。述职汇报是下属展示自己工作成果的好机会，好的述职汇报能帮助下属获得升职加薪的机会。

方法与工具

工具介绍

述职汇报

述职汇报是下属向上级展示工作成果的机会。述职汇报的内容包括对自己过去一段时间从事工作的总结，以及对未来一段时间工作的计划。

在书面述职汇报中，主要应包括 5 类内容，分别是目标策略、行动结果、问题不足、意见建议和下步计划。

述职汇报的 5 类关键内容

之前工作的目标是什么？实现目标的策略是什么？

为实现目标采取了哪些行动？这些行动得到的结果是什么？

当前存在的问题是什么？还存在哪些不足？

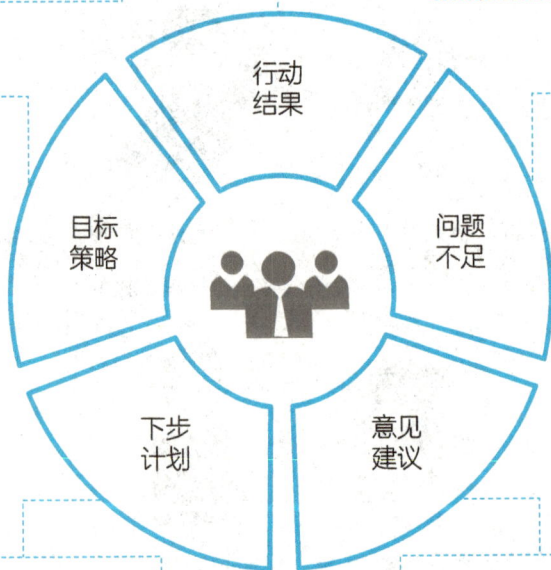

行动
结果

目标
策略

问题
不足

下步
计划

意见
建议

经过前面一系列总结，下一步的工作计划是什么？

对岗位的工作或对团队有哪些意见或建议？

应用解析

案例：某公司述职报告模板

姓名		直属上级				
当前岗位		职等职级				
所在部门		填表日期				
业务目标						
序号	关键绩效指标/关键任务	目标值	衡量标准	数据来源	权重	得分
1						
2						
3						
4						
5						
业务目标得分						
员工管理目标						
序号	目标设定		衡量标准	数据来源	权重	得分
1						
2						
3						
员工管理目标得分						
个人发展目标						
序号	目标设定		衡量标准	数据来源	权重	得分
1						
2						
3						
个人发展目标得分						
个人绩效承诺总得分						

小贴士

　　上述案例中的公司把述职报告和绩效评价绑定在了一起。公司事先要求员工对工作做出承诺，包括3种承诺，分别是业务目标承诺、员工管理目标承诺（管理者专有）和个人发展目标承诺。每种承诺都有具体的目标和对应的衡量标准，上下级可以对照标准评分。

4.2.3 检查汇报：查找整改核心问题

问题场景

1 上级经常对我实施的工作检查不满意，说我工作不到位，实际上我检查得很认真，感觉自己很委屈。

2 那很可能是因为你的工作检查汇报做得不好，没把该表达的表达清楚。

3 检查还需要正式的书面汇报吗？跟上级口头说一下不就好了吗？

4 对于工作检查来说，只做口头汇报肯定不行。口头汇报也许比较精彩，但可能不系统、不完整。

5 那要怎么做检查的书面汇报呢？

6 至少要包括检查的目的、人员、内容、方案、分析和结论6项。

问题拆解

工作检查后不能只做口头汇报，一定要形成书面报告。口头汇报再精彩，时间长了，上级也可能忘记一些关键信息。通过文字记录和描述，书面的检查汇报可以讲清楚整个检查过程，而且可以把检查后需要做的工作介绍清楚。

方法与工具

工具介绍

检查汇报

检查汇报是实施检查后进行的汇报，检查的书面汇报比口头汇报更有价值。

书写检查汇报时，同样可以按照"总—分—总"的结构，让检查的结论先行。除结论外，检查汇报中还应包括检查目的、检查内容、检查人员、检查方法和问题分析。

检查汇报包含的 6 个内容

包括为什么要实施这个检查，通过检查可能会发现哪些问题，实施检查对公司、对团队、对工作有什么价值和意义，等等。

包括实施检查的人员都有哪些，这些人员的专业情况如何，这些人员做了哪些分组，是单独检查还是共同检查，等等。

包括实施检查过程中都检查了什么，为什么要检查这些内容，可能从这些内容中发现什么，从哪些角度检查这些内容，等等。

检查目的

检查人员

检查内容

检查方法

问题分析

结论建议

包括检查中用到了什么样的工具或表格，什么时间进行的检查，检查结果采用何种数据统计和分析方法，等等。

包括通过检查，发现了哪些问题，这些问题主要发生在哪些环节，这些问题为什么会发生，是谁导致了这些问题的发生，等等。

包括经过检查，未来如何减少这类问题的发生，具体改进措施是什么，需要谁来实施，谁来为这类问题的改进负责，等等。

应用解析

案例：项目问题反思备忘录

记录该项目出现的问题，这些问题会引发负面影响，造成项目失败。		记录项目的负面影响，代表着项目失败的结果。		解决方案既是对当前项目的反思，也是对未来实施项目的预警。

项目名称	项目背景	出现问题	造成影响	解决方案
A项目	某产品研发	工作任务出现遗漏	项目延期10天	运用头脑风暴进行WBS（工作分解结构）
B项目	某管理咨询项目	咨询顾问因沟通出现问题中途离职	项目延期7天且未达到预期	提前安排和引导咨询顾问与项目相关人员沟通
C项目	某系统上线	项目中发生未知风险	项目未达到预期	提前评估项目风险，实施项目风险管理
D项目	某工艺改进	实际工作量远大于预期工作量	项目延期30天	做WBS时引入外部专家

小贴士

项目问题反思备忘录是一种工作自查记录表，是记录当前项目出现的问题，为避免未来项目管理中出现类似问题而存在的工具表。上表中的内容只是该工具表的应用演示，在实际应用时，表中记录的内容应更详尽。

4.3 不同周期如何汇报

定期的书面汇报不仅有助于总结之前的工作成绩和制订下一阶段的工作计划，也有助于定期向上级展示工作思路和成果，让自身的成绩能够被上级看到。常见固定周期的汇报包括4种，分别是日报、月报、季报和年报。

4.3.1　日报写作：描绘行动结果

问题场景

1　以前有个上级要求我们写日报，我感觉这就是走形式，写到最后很多人都在应付了事。

2　日报的初衷可不是为了走形式，只是很多人不知道如何运用，把它变成了走形式。

3　不是为了走形式，那日报又有什么用呢？

4　日报可以盘点每天的工作行为，查找行为上的不足，提高工作效能。

5　我每天也写日报啊，可我怎么没发现哪里能提高工作效能呢？

6　如果日报只是简单地记录每天的工作内容，那就成了流水账式的日记。

问题拆解

　　日报不是为了走形式，也不是记流水账，而是通过对每天工作行为的盘点，找到工作行为时间分配上的不足和实施上的错误。写日报不能抱着应付上级的心态，应当借助日报的功能，养成发现问题的好习惯，提高自身的工作效能。

方法与工具

工具介绍

日报

日报是对每天工作内容的复盘和对第2天工作内容的计划。日报内容应主要聚焦于行为，需要重点关注3点。

一是每天应当做出哪些行为？

二是这些行为是不是组织需要的？

三是如何正确实施这些行为？

日报中工作行为的4种分类

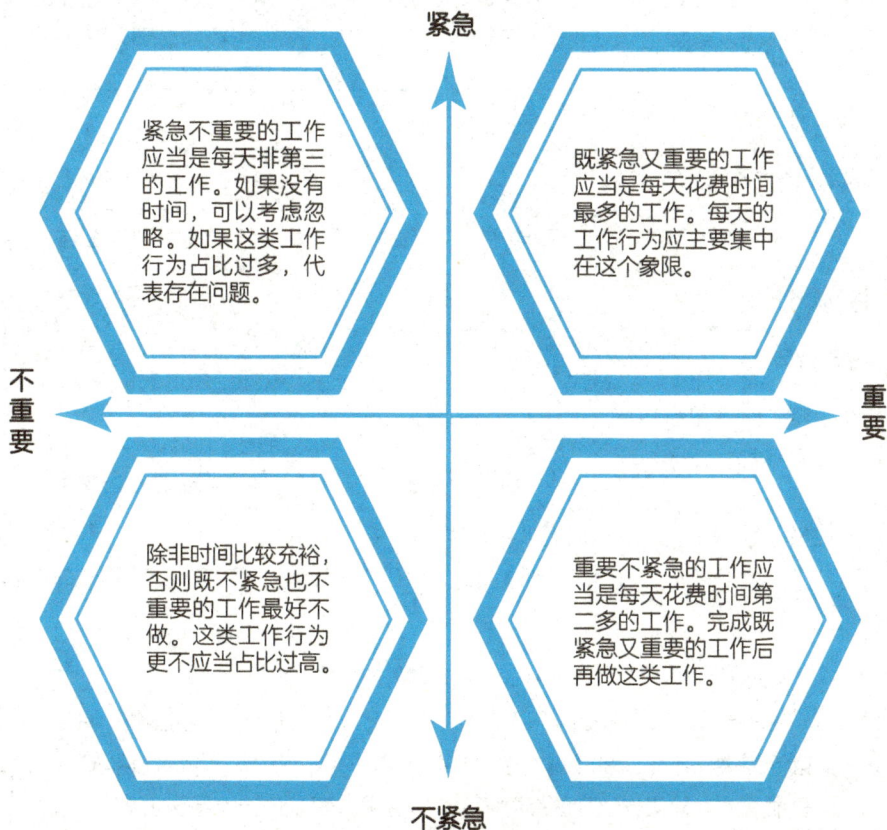

紧急

紧急不重要的工作应当是每天排第三的工作。如果没有时间，可以考虑忽略。如果这类工作行为占比过多，代表存在问题。

既紧急又重要的工作应当是每天花费时间最多的工作。每天的工作行为应主要集中在这个象限。

不重要

重要

除非时间比较充裕，否则既不紧急也不重要的工作最好不做。这类工作行为更不应当占比过高。

重要不紧急的工作应当是每天花费时间第二多的工作。完成既紧急又重要的工作后再做这类工作。

不紧急

应用解析

举例：日报模板

A既紧急又重要的工作					
	工作内容	工作成果	进度完成	耗费时间	备注
当日工作进展					
明日工作安排					

B重要但不紧急的工作					
	工作内容	工作成果	进度完成	耗费时间	备注
当日工作进展					
明日工作安排					

C紧急但不重要的工作					
	工作内容	工作成果	进度完成	耗费时间	备注
当日工作进展					
明日工作安排					

D既不紧急又不重要的工作					
	工作内容	工作成果	进度完成	耗费时间	备注
当日工作进展					
明日工作安排					

小贴士

　　在设计"明日工作安排"时，应优先设置 A 既紧急又重要的工作，其次设置 B 重要但不紧急的工作，当 AB 类工作安排不满时，再依次设置 C 类和 D 类工作。除工作行为的耗时多少外，还要注意工作行为是否正确。

4.3.2 月报写作：监控目标预期

问题场景

1 写月报和写日报的道理一样吧？把日报的工作加在一起，就是月报了吧？

2 当然不是，这样简单地叠加写不好月报。

3 那应该怎么写月报呢？

4 每天的工作更关注行为，所以日报应围绕行为结果来写；每月的工作更关注任务，所以月报应围绕任务结果来写。

5 有些任务完成了，有些任务没完成，这要怎么写呢？

6 对于完成的任务，可以重点写任务结果完成质量。对于没完成的任务，可以重点写对任务过程的监控。

问题拆解

月报不应是日报的简单叠加，月报写作的落脚点与日报不同：日报更关注行为结果，月报更关注任务结果。已经完成的任务可以围绕任务结果完成的质量，没有完成的任务可以把写作重点放在对任务过程的监控上。

方法与工具

工具介绍

月报

月报是以月度为单位进行的工作内容复盘总结和下个月工作计划。月报的关键词是结果质量和过程监控。

月报应聚焦于任务完成情况。任务指行为集合后达成的某个工作项目，是许多行为想要达成的某个结果。已经完成的任务可以围绕任务结果完成的质量，没有完成的任务可以把写作重点放在对任务过程的监控上。

月报监控的六个关键

监控工作内容的范围是否与预定计划吻合，是否存在超出工作范围的情况。

监控工作有没有按预定时间进度运行，有没有出现提前或推后的情况。

监控团队内相关同事的表现或配合情况，监控工作关联方人员之间的关系。

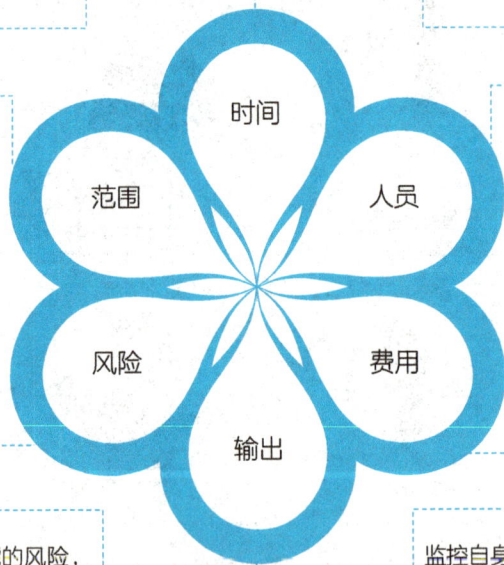

- 时间
- 人员
- 范围
- 费用
- 风险
- 输出

监控工作中可能的风险，越是高风险的项目，项目经理越要做好风险监控。

监控工作的输出是否符合质量要求，要关注工作运行各阶段的质量情况。

监控自身经费的使用情况，要监控在工作各阶段是否有效管控住成本。

应用解析

本月工作总结						
分类	工作内容	工作目标	完成情况	存在问题	参与人员	备注
计划内工作						
计划外工作						
本月小节						
下月工作计划						
序号	工作内容	工作目标	所需资源	参与人员	完成时间	备注
1						
2						
3						
需要的支持与建议						
序号	内容					
1						
2						
3						

小贴士

　　月报虽不应按日报的模式写作，但月报与日报间应有一定承接。日报会评估行为的有效性，月报同样应评估哪些工作是计划内完成的，哪些工作是计划外完成的。计划内的工作一般兼具重要和紧急的属性，以重要的工作为主。计划外的工作则可能有较多比例的紧急但不重要的工作。

4.3.3 季报写作：系统复盘成果

问题场景

1 上级经常嫌我在做季度汇报时缺乏高度，说我汇报的都是些具体工作，怎么办呢？

2 这个要求换个说法，意思是不是要站在上级的角度来思考问题呢？

3 应该是这个意思。

4 你上级的说法是对的，季度汇报确实不适合只说手头那些特别具体的工作。

5 可我平时主要就是在做手头的工作啊，我哪里知道站在上级的角度需要想什么？

6 所以你平时要多和上级沟通，多了解上级的想法，养成站在更高维度上思考的习惯。

问题拆解

　　季报起着承上启下的作用。日报和月报不常做宏观思考，不容易发现宏观问题，等到年报发现宏观问题往往为时已晚，季报以季度为单位做相对宏观和系统性的总结和计划，恰好可以补足日报、月报和年报的不足。

方法与工具

工具介绍

季报

　　季报是以季度为单位进行的工作内容复盘总结和下个季度工作计划。季报的关键词是价值、纠偏与成长。

　　季报的特点是站在更高的视角，更关注顶层设计层面的工作，而不仅是当前手边的具体工作。季报中可以运用各类管理工具做分析，以管理者的整体视角分析当前状况。在更高维度上审视自己当下的工作对组织、对团队的价值。

举例：季度中的 SWOT 分析

优势（Strength）	劣势（Weakness）
（1）企业最高管理层对人力资源管理比较重视； （2）人力资源学历水平较高，整体素质较好； （3）企业核心岗位的薪酬水平在行业内保持在75分位值以上	（1）雇主品牌建设不足，企业在人才市场的吸引力低； （2）人力资源的司龄较短，凝聚力不强，归属感和稳定性较差，缺乏有效的人才激励方法； （3）人才的培养手段比较单一，没有形成人才梯队
机会（Opportunity）	威胁（Threat）
（1）企业所在的行业属于朝阳产业，业绩较好，在同行业中遥遥领先； （2）已招募有丰富经验的人力资源管理团队，全面提升组织能力和人力资源管理能力； （3）人才市场中需求人才的供应情况较充足	（1）行业竞争比较激烈，对人才的竞争也比较激烈； （2）竞争对手的挖墙脚比较严重，优秀人才相互争抢； （3）行业内的高端人才比较稀缺，有技术，有能力的人才偏向于创业

应用解析

举例：季报模板

上季度完成的具体任务结果，包括任务完成的数量或质量如何？

任务结果达成的具体目标如何，不仅指任务目标或岗位目标，还包括这项任务指向的部门目标或公司目标完成情况如何。

工作的想法和感受，工作中有哪些需要改进、提高、增加、减少或完善的地方？

季度总结

序号	具体任务	达到目标	取得价值	复盘结果	我的收获
1					
2					
3					

季度计划

序号	价值	目标	任务	基础	资源
1					
2					
3					

这里的价值不仅是对公司产生的价值，也包括对个人成长带来的价值。

任务源于目标，是从目标推导出来的。

对完成任务，有哪些知识、能力、经验的不足需补充。

对完成任务，有哪些资源需要补充。

小贴士

　　季报模板是帮助人们养成价值思维和管理思维的工具。运用上述季报模板时需注意，季报是给上级看的，由于双方可能在某些方面信息不对称，写作时不能让内容过于简单。如果简化内容，只罗列要点，应配合口头汇报。必要时，应附上一定的数字、表格和图形辅助内容呈现。

4.3.4 年报写作：总结规划方向

问题场景

1 每次到年终工作汇报的时候，都不知道该怎么做，总觉得自己没思路，怎么办呢？

2 你之前都是怎么做的，效果怎么样呢？

3 我就把这一年做的重点工作列一下，再写一写自身的不足。上级每次对我的年报评价都不高。

4 这种工作罗列式的年报没有重点，年报应聚焦于自己工作中的几个主要成果。

5 怎么总结自己的工作都有哪些成果呢？

6 可以从4个维度——财务维度、客户服务维度、内部运作维度、学习与成长维度来总结。

问题拆解

年报不是简单地罗列一年的工作重点，不是把自己的工作职责复述一遍，更不是把一年来做的所有工作都写一遍，而是有重点地描述自己的工作成果。工作成果≠工作结果。关键的工作结果、有价值的工作结果，才能被称为工作成果。

方法与工具

工具介绍

年报

　　年报是以年度为单位进行的工作内容复盘总结和第 2 年工作计划。年报的关键词是成果，应重点描述工作成果情况。

　　年报可以从 4 个维度描述工作成果，即财务维度、客户服务维度、内部运作维度、学习与成长维度。

年报的 4 个维度

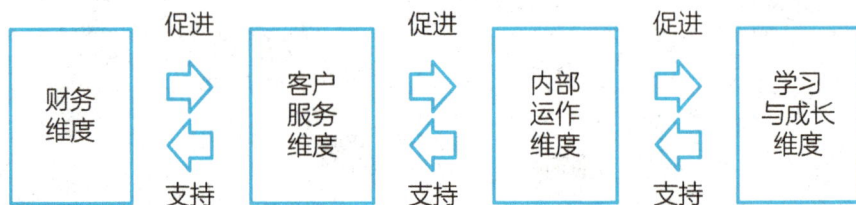

| 财务维度 | 促进 → / ← 支持 | 客户服务维度 | 促进 → / ← 支持 | 内部运作维度 | 促进 → / ← 支持 | 学习与成长维度 |

客户细分
- 谁是我们的客户
- 我们的价值定位
- 我们如何知道客户是否满意
- 市场份额
- 客户获得、保留、满意
- 带来最大利润的客户

财务维度

我们如何对股东负责?

重要经营绩效
- 战略期望的财务结果
- 收入增长及其组合
- 成本降低、生产率提高
- 资产利用和投资战略

客户服务维度

客户如何看待我们?

愿景与战略

内部运作维度

我们必须专长于哪些方面?

必须具备的能力与条件
- 领导力、核心胜任能力
- 知识资产
- 信息与技术
- 工作环境、企业文化

学习与成长维度

如何不断改进和创造价值?

满足客户需求的核心流程
- 产品开发
- 产品生产
- 产品销售
- 售后服务

应用解析

案例：年报模板

类型	重点指标	指标定义	目标值	完成情况	数据提供部门	工作说明
财务维度	销售额				财务中心	
	利润额				财务中心	
客户维度	客户满意度				第三方机构	
	公共关系满意度				第三方机构	
内部运作维度	成本控制				财务中心	
	流程制度异常数量				第三方机构	
学习与成长维度	员工敬业度				人力资源中心	
	员工离职率				人力资源中心	
	员工能力达标率				人力资源中心	

小贴士

很多看似没有财务维度的岗位实际上多数时候是平时只关注于岗位职责，没有发现和关注岗位对应的财务维度。例如行政文员岗位，平时事务型工作较多，但因为涉及行政费用的管控，可以将行政相关成本的控制情况作为财务维度。

4.4 如何用好办公软件汇报

用电子设备写书面汇报时，免不了要用办公软件来编辑和呈现汇报内容。工作中最常用的办公软件是 Word、Excel 和 PPT。本节内容主要介绍如何用好这些软件，让书面汇报呈现的内容更精彩。

4.4.1　Word 应用：言简意赅，结构逻辑清晰

问题场景

1　用Word写工作汇报，写多少字比较合适呢？

2　通过这个问题，我觉得你还没有理解书面汇报的精髓。

3　啊？那书面汇报的精髓是什么？

4　书面汇报当然是字写得越少越好，越精练越好，甚至不用文字表达更好。

5　如果字写得少，那我不用Word写报告也可以吧？

6　当然，我还用PPT写书呢。用Word写多少字不是关键，关键是如何用Word表达清楚。

问题拆解

　　Word 虽然是专业的文字处理软件，但这不代表用 Word 写工作汇报时就要长篇大论。书面汇报追求内容精练，所以用 Word 时，文字内容越少越好。可以用 Excel 处理数据，用 PPT 处理图形，最后把图表类内容汇集到 Word 上。

方法与工具

工具介绍

Word 应用

应用 Word 时要言简意赅，做到汇报内容结构化呈现，需注意以下 3 点：

（1）能将文字转化成结构化的文字或数字的，应尽可能转化。

（2）能将结构化的文字或数字转化为表格的，应尽可能转化。

（3）能将表格转化为图形的，应尽可能转化。

文字处理原则和流程

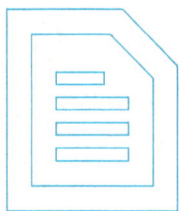

先写文字

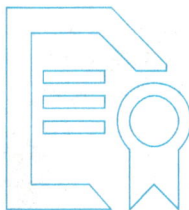

将文字结构化
或转化为数字

将结构化后的文字
或数字转化为表格

将表格转化为
图形

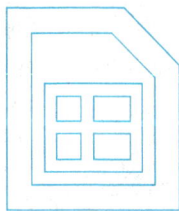

应用解析

文字转化成数字、表格和图形案例

纯文字

今年，我凭借着顽强的毅力，通过艰难的努力，经过夜以继日的劳作，终于在招聘工作方面给公司交上了一份满意的答卷。

我们通过多种渠道，采取各种方式，筛选了大量的简历，组织了大量的面试，接待了大量的候选人，最终很好地满足了公司的用人需求。

加入数字

今年，我们采取的招聘渠道一共有10种，公司全年提出岗位需求共200个，需求人数共400人，按期招聘到位的人数共380人，招聘满足率为95%。

图形转换

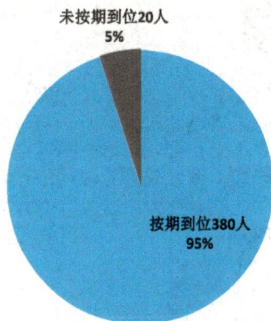

未按期到位20人 5%

按期到位380人 95%

表格转换

招聘渠道	需求岗位	需求人数	按期招聘到位人数	招聘满足率
10	200	400	380	95%

小贴士

企业中需要的工作汇报不是长篇大论地写议论文，而是将问题介绍清楚。纯文字类的内容不仅很容易让人读不下去，而且传递信息的效率较低。相比之下，图形类、数字类、结构化的内容更容易让人一目了然，能让人在短时间快速获得更多信息。

4.4.2 Excel 应用：数据干净整洁，说明重点问题

问题场景

1 我之前的一个上级，希望我用 Excel 来汇报工作，总觉得好奇怪。

2 那个上级应该比较喜欢看表格类的内容吧？

3 是的，那个上级让我们将工作数据化，做各类同比和环比分析，对着表格找问题。

4 那应该是一位数据型的管理者。向这类管理者做书面汇报，用 Excel 比较合适。

5 可我有很多文字类的内容想表达，用 Excel 并不方便，把表格直接复制到 PPT 中不也一样吗？

6 PPT 不便于表格编辑和展示。如果表格比较大，一页 PPT 展示不下。Excel 可以随意拖动修改，有公式更应该用 Excel。

问题拆解

　　对待数据型的管理者，适合用 Excel 软件做汇报。Excel 可以作为直接向上级呈报书面汇报内容的软件，尤其是当呈报的数据内容较多，需要展示大量数字间的逻辑关系，以及表格中包含公式或计算过程时。

方法与工具

工具介绍

Excel 应用

当岗位需要大量数字和表格来说明问题，而且大部分文字内容可以通过口述来说明时，适合采用 Excel 软件做书面汇报内容的载体。利用 Excel 软件对大量的数据、表格呈现的天然优势，来作为对当前事实的强展现。

应用 Excel 软件时，要注意数据内容的干净整洁，通过数据分析和内容结构的比较来发现问题、分析问题和解决问题。

Excel 应用的 4 个关键

期望上级关注的重点数据所在方格应标注颜色。例如可以用蓝色代表优秀，绿色代表良好，黄色代表需要注意，红色代表较差。

Excel中用公式计算的数据应保留公式，一来方便上级了解数据的计算过程；二来便于编辑修改，一旦修改原始数据，结果会自动变化。

自动
公式

标注
颜色

善用
批注

表格
分级

Excel有批注功能，可以作为对表格内容信息的解释。而且Excel也适合把文字类内容表格化，这会让文字看起来逻辑性更强。

一个Excel文件可以存放多个Sheet表，Sheet表间应呈现一定的逻辑递进关系。表示结论的Sheet表应靠前放，原始数据往后放。

应用解析

Excel 应用的 3 点注意事项

不是所有的数字都需要在一个表格里面呈现，在一个表格里面呈现的数据要体现出一定的关联性，无关的数据不要出现在一张表中。

Excel中的文字只需要重点突出目标、结论、关键分析过程和关键行动方案，与此无关的文字内容不需要在Excel中呈现。

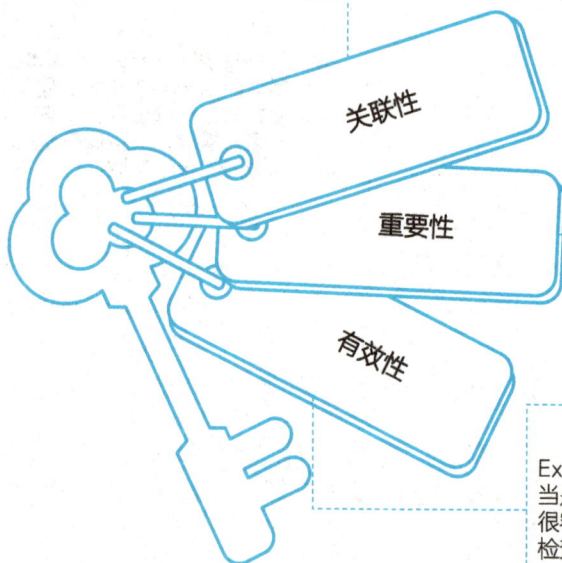

关联性

重要性

有效性

Excel软件中出现的每个数字都应当是有效的。当表格中数据较多时，很容易出现错误，呈报上级前，应检查原始数据的有效性。

小贴士

　　Excel 软件关闭后，下次打开某 Excel 文件看到的是上次关闭时对应的 Sheet 表界面。所以下级向上级呈报的 Excel 文件，最后关闭时的状态应是期望上级打开后第一眼能看到的 Sheet 表，一般应为第一张 Sheet 表，也是呈现结论的总表。

4.4.3 PPT 应用：内容结构化，尽量少用文字

问题场景

1 我用PPT软件写工作汇报时，总觉得页面不够写。写多了显得内容拥挤，写少了又表达不清楚，怎么办呢？

2 PPT软件是一种强展示工具，非常不适合写过多的文字。

3 但如果我有很多文字内容要写，该怎么办呢？

4 有两种办法：第一种办法是把文字类内容用结构化的图形表达；第二种办法是尽可能删减文字。

5 感觉很难删啊，所有内容都是想表达的，删了就不全面了。

6 不是删核心要点，而是删与要点无关的文字。核心要点可以用关键词总结，再通过图形化表达。

问题拆解

对视觉内容要求较高的管理者，适合用 PPT 软件向其做汇报。用 PPT 做工作汇报时，PPT 中的文字内容越少越好，除了汇报内容中的要点和必要的文字说明，没必要在 PPT 中展现的文字内容都应当被删除。

方法与工具

工具介绍

PPT 应用

PPT 是最适合对视觉型管理者汇报的软件，是一种视觉呈现能力较强的内容展示工具。编辑 PPT 时，应充分应用 PPT 软件可视化、图形化的特点，多加入图片类内容，或将文字内容进行图形化、结构化展示。

PPT 应用的 4 项关键

字体大小

PPT的文字大小应根据汇报场地和听汇报的人数情况设置，至少要保证最后一排能看到PPT中的最小字体。

多用图片

PPT软件特别适合插入图片，当用PPT作为口头汇报的辅助工具时，可以多用图片。用图片时注意使用高清图片，不然会减分。

文字删除

第一次写完PPT内容后，删除多余文字，包括原因类文字、重复性文字、辅助类文字、铺垫类文字。例如"因为""由于""基于""已经""终于""经过""但是"所以等一般都可以被删除。

内容结构

成段文字通过结构化表达能让内容更清晰。PPT中的文字内容应尽可能用结构化图形表达。本书中的方法、工具和解析等内容，就是将文字知识结构化的典型。

应用解析

案例：文字内容结构化

企业中的培训需求分析可以分成三大层面——战略层面、任务层面和个人层面，分别对应着高层管理者、中层管理者和员工的培训需求。战略层面更关注企业战略、发展目标和企业文化等企业顶层的需求；任务层面更关注业绩结果、具体问题和具体工作等承上启下的需求；个人层面更关注员工的个人发展、遇到困难、员工兴趣等员工个体的需求。

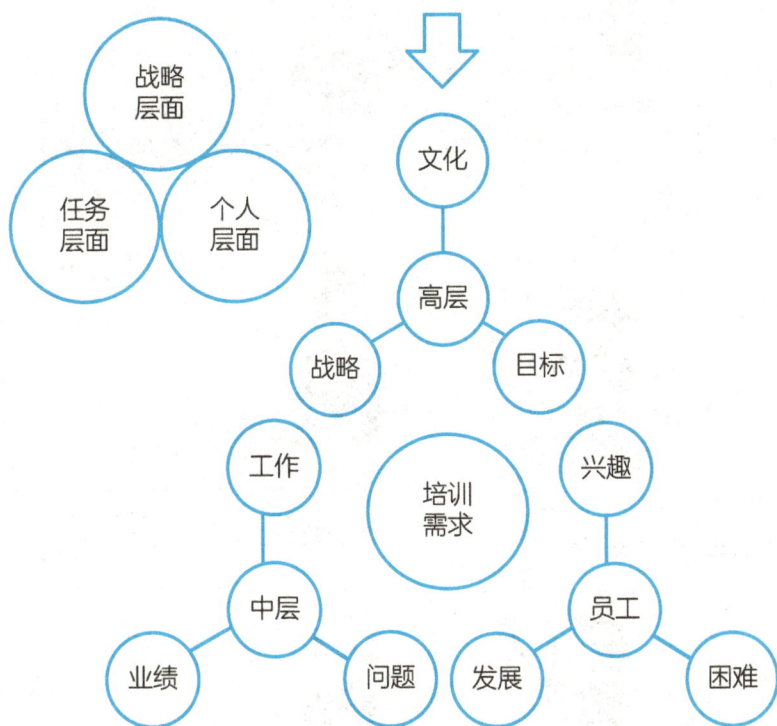

小贴士

人阅读识别图形化、结构化的内容远比纯文字内容更快，也更容易接受。这就是为什么图解类图书往往比纯文字图书更容易获得大众读者的青睐。上级看 PPT 时也是如此，更希望看到经过图形化、结构化处理的内容，而不是整段文字。

4.4.4 PPT 呈现：标题为结论，内容为过程

🔒 问题场景

1 要让PPT呈现的内容精彩，我是不是应该多找一些图片素材，把内容做得色彩艳丽一些？

2 如果是内部搞文艺活动用的PPT可以这样，工作汇报用的PPT不适合色彩艳丽。

3 那为了好看，我就多放一些图片吧，每一页都放上图片。

4 用这个逻辑写工作汇报PPT是不对的，插入图片是为了说明问题，减少文字，不是为了让PPT看起来酷炫。

5 那工作汇报的PPT要怎么写呢？

6 可以按照"总一分"结构，标题是"总"，正文是"分"。

问题拆解

　　PPT 在不同场景下有不同的功能，工作汇报属于商务沟通场合，用到的PPT 应保持基本的美感，不适合做得色彩斑斓。图片和文字一样，多了反而成为减分项，PPT 中的图片是为结论服务的，不要单纯为了好看而增加图片的。

方法与工具

工具介绍

PPT 内容呈现方式

PPT 内容呈现方式一般应遵循"总—分"结构，每页 PPT 的标题是这页 PPT 的总括和结论，内容是对标题的分解或佐证。

编辑 PPT 内容时，应遵循先写标题，再写正文，再从正文中选择要点，接着删减文字，将文字内容图形化、结构化，最后控制每页 PPT 呈现信息的量，将每页 PPT 呈现信息的时间控制在 5 分钟以内。

PPT 内容呈现步骤

先写PPT的标题，每页PPT的标题就是这一页的结论，是对这页所有内容的总括描述。写作原则是，如果上级没有时间看PPT的内容，看标题就可以了解主要内容。

正文是对标题的展开描述，是标题的分解、展开、扩充或佐证。如果标题是论点，正文就是论据。如果标题是结果，正文就是原因。

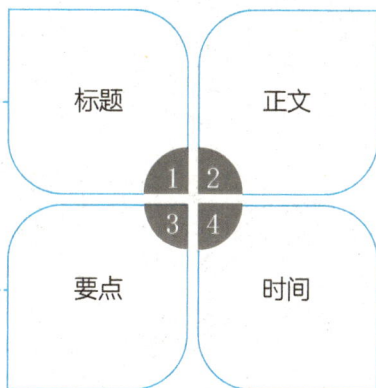

标题	正文
1	2
3	4
要点	时间

每页PPT只重点说明一个问题，这个问题的分项要点一般不超过5项。如果超过5项，应尝试合并、收缩、删减，或分成2页PPT做内容呈现。

每页PPT的汇报内容应控制在一定量，如果PPT是作为口头汇报的辅助工具，每页PPT一般应控制在5分钟内讲完。太长时间的PPT汇报容易引起视觉疲惫。

应用解析

PPT 内容呈现的 3 点注意事项

当一幅画面中有超过3种颜色时，就会给人五彩斑斓的感觉。色彩多了，容易让人眼花缭乱。汇报类PPT属于商务类PPT，应符合通用商务规范。每页PPT中的色彩一般不超过3种。整个工作汇报PPT用到的色系也应尽量控制在3个以内。

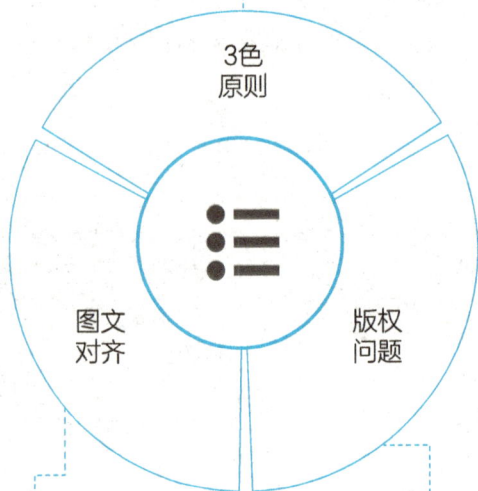

3色
原则

图文
对齐

版权
问题

多数人喜欢对称的内容，善用PPT中的"对齐"功能，将PPT中的图文内容对齐，并保持相同的间距，能产生一种对称的美感。

图片和字体都有版权，在应用前要注意版权问题。尤其是在公开场合向外部呈现的内容，要确保获得版权使用许可后再使用。

小贴士

世界著名咨询公司麦肯锡在交付咨询成果 PPT 时，内容呈现逻辑通常会严格遵照"总—分"结构。麦肯锡咨询成果汇报 PPT 的第 1 页，通常是整个咨询项目的结论，是对关键信息的总括描述，之后每一页的标题通常都是这一页的总括描述。

05

总结计划：呈现——
价值和规划未来

本章背景

1 我也觉得定期汇报重要，可定期汇报都要汇报什么呢？总感觉没有那么多工作要汇报的。

2 可以定期做自身工作的总结和计划呀，让上级知道自己的工作情况和下一步打算。

3 可上级并没有要求我做总结和计划，我还有必要做吗？

4 当然有必要！总结和计划并不是上级要求才有必要做。上级没要求主动做，反而更显出你对工作的上心。

5 这样也挺好，我正好找不到汇报思路，不知道该定期汇报什么呢。

6 与其说总结和计划是一种汇报思路，不如说是一种工作思路。通过不断总结和计划，能提升自身的工作成效。

背景介绍

　　总结和计划是一种重要的工作汇报逻辑，与其等着上级要求被动做，不如自己主动做。这样不仅能显出自己对待工作的积极认真，还能在做总结和计划的同时对工作进行复盘，发现提高工作成效的方法，让工作质量越来越高。

5.1 如何做总结

总结是自省，是复盘，是对过去和现状的归纳与回顾，是确定下一步目标和计划的前提。如果不了解过去和现状，就算有目标、有计划，也可能不切实际。通过总结，将过去和现状整理清楚，有助于更好地制定目标、编制计划。

5.1.1 结论先行：总结的 3 段公式

问题场景

1 写总结，主要是为了让上级知道自己做出的成绩吧？

2 让上级知道自己的成绩是对的，但不是目的，抱着邀功的心态做出来的总结是有问题的。

3 那我是不是应该重点说说自己的不足和待改进的地方，提高能力？

4 自身的成长可以说，但不应该作为重点，只从自己的视角出发做总结太自我了。

5 那我应该怎么做总结呢？

6 你应该站在上级的视角，思考你的上级期望你的总结能为团队带来什么。

问题拆解

做总结的主要目的不是为了邀功，也不是为了说明自己的成长，而是为团队查找问题，分析问题，解决问题，从而创造价值。上级最希望看到的总结，是团队现在存在哪些问题，哪些方面可以提高，如果这些问题得到改善，团队价值能提升多少。

方法与工具

工具介绍

总结写作三段公式

写总结不是写叙事作文，追求的不是图文并茂，不是声泪俱下，不需要加入一些精致而模糊的形容词，可以用三段公式写总结。

第1段，先写事实，事实应当是客观或量化的。

第2段，再写分析，主要是对事实中发现问题的分析。

第3段，完成结论，基于事实和分析，得出最终结论。

总结写作三段公式

根据整个分析过程，得出最终结论。在撰写总结报告时，也可以按照"总—分—总"结构先写结论，再按照事实—分析—结论的逻辑写作。

结论

通过分析事实中的客观情况和数据，发现和查找当前问题，并分析这些问题产生的原因，判断问题的大小，预测问题的走向，制定应对措施。

分析

事实

事实就是自己做了什么，要用量化的数据或客观的情况说明当前的事实是什么。

应用解析

总结中得出结论的逻辑

在总结分析时，不仅要对未达到预期的事项做分析，还要对达到预期的事项做分析。工作达到预期后不代表结束，下一步要研究为什么能达标，是行动落地了还是纯粹运气好。搞清楚原因也是帮助自己复盘。

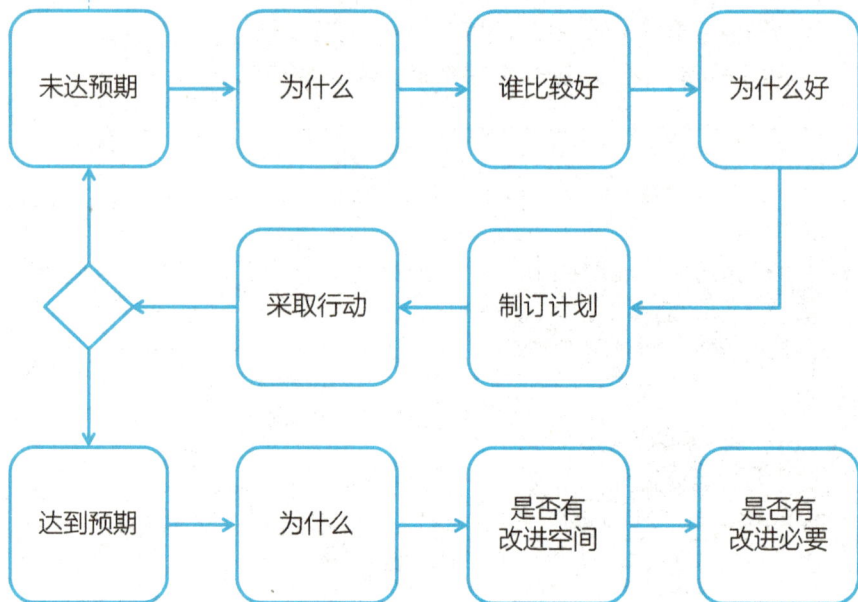

未达预期 → 为什么 → 谁比较好 → 为什么好

采取行动 ← 制订计划

达到预期 → 为什么 → 是否有改进空间 → 是否有改进必要

对没有达到预期的工作进行改进，就是在情况分析后找到最佳实践、研究最佳实践、提炼最佳实践的方法，形成更好完成工作的方法论，然后把这个方法论进行推广和改进的过程。

小贴士

　　当发现问题有改进空间后，还要判定是否有改进必要。改进是要付出成本的，无论是财务成本还是管理成本。如果投入产出比高，就值得实施改进，如果投入产出比低，就不值得实施改进。

5.1.2 划分角色：总结的 4 个角度

问题场景

1 很多时候不是不想写总结，是真不知道该站在什么角度写。

2 可以站在自身岗位对应的价值和职责的角度写。

3 话虽如此，可具体应该怎么总结呢？

4 可以把从事的岗位模块化成不同的角色，从不同角色的角度思考和总结。

5 把岗位模块化成不同的角色是什么意思？

6 每种岗位或多或少都可以划分成4种角色，在这些角色上的工作有不同的侧重。

问题拆解

　　找不到总结的思路时怎么办呢？岗位的职责有所聚焦和侧重，岗位对应的角色同样也有不同的定位和侧重。岗位对应角色的特点和工作重点是岗位总结角度之一，从角色特点的角度做总结，能让总结的视角更宏观、更全面。

方法与工具

工具介绍

岗位的 4 种角色

岗位角色可以分成 4 类：产品人、营销人、运营人和媒体人。每个岗位都离不开这 4 种角色，只是在这 4 种角色上的侧重点有所不同。

这 4 种角色不仅可以用来做总结，还能辅助定位，找到自己工作侧重的角色、擅长的角色或薄弱的角色，同时还能找到身边与自身互补的角色。

岗位的 4 种角色

媒体人角色主要负责流量终端，直接与用户交流，能促进品牌、产品或服务的曝光。

产品人角色主要负责生产和输出某种产品或服务。产品或服务是满足顾客需求的媒介。

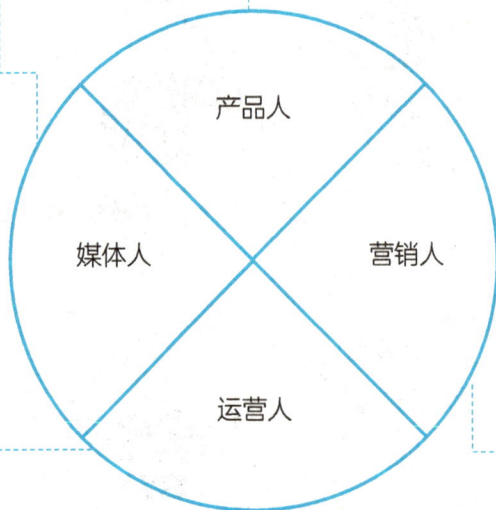

产品人

媒体人

营销人

运营人

运营人角色主要解决连接和关系问题，负责把产品或服务与渠道连接，保证用户获得。

营销人角色主要负责产品或服务的包装和营销，让产品或服务获得最大程度的销售。

5.1.3 客观呈现：厘清事实与观点

问题场景

1 有的工作很难，有的工作很容易，对这些工作，做总结时是不是要一视同仁呢？

2 做总结还是要多讲事实，少讲观点。

3 我就是总结当前的工作呀，我讲的不是事实吗？

4 类似"工作难或容易""项目很长""工作量很大""内容很多""时间很久""这个人很好"，这些都是观点，不是事实。

5 我明白了，这些都加入了主观判断。

6 是的，事实是客观的，而且在表达事实时，要尽可能描述事件或行为，并尽可能量化。

问题拆解

很多所谓的工作总结，其实是在讲观点，而不是讲事实。在职场中，做总结一定要体现出岗位的专业性。要以一个专业的态度总结事实，而不是加入过多主观判断，不要用大量极端的形容词描述观点，更不能抱着模棱两可、差不多的心态做事。

方法与工具

工具介绍

发现事实

什么是事实？很多人并不清楚。比较容易和事实搞混的概念是观点。

什么是观点？就是对某个事物，某人主观的价值判断。每个人都可以有不同的价值判断。

事实通常是客观的，是能够被普遍认可的，有时能够被量化，有时不能被量化。

比如今天天气很冷，这就是观点；今天 18 摄氏度，这才是事实。

事实的三大特点

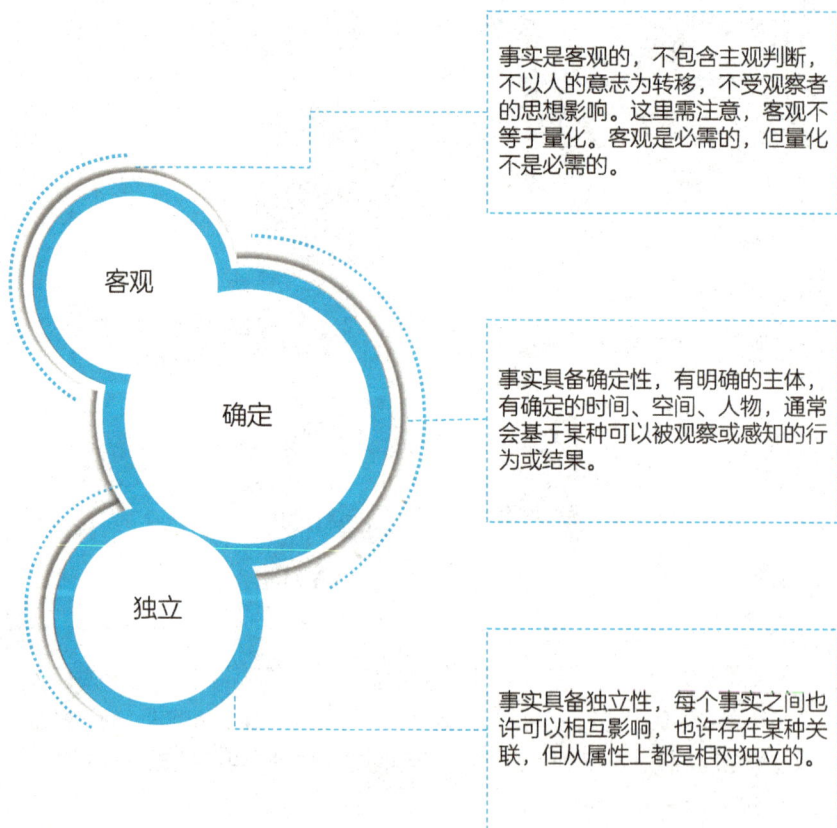

客观

确定

独立

事实是客观的，不包含主观判断，不以人的意志为转移，不受观察者的思想影响。这里需注意，客观不等于量化。客观是必需的，但量化不是必需的。

事实具备确定性，有明确的主体，有确定的时间、空间、人物，通常会基于某种可以被观察或感知的行为或结果。

事实具备独立性，每个事实之间也许可以相互影响，也许存在某种关联，但从属性上都是相对独立的。

5.2　如何分析问题

　　每个人在工作过程中都难免会遇到各种各样的问题，下级要具备发现问题、诊断问题、分析问题的能力，找到解决问题的办法，尽快让问题得到改善。这也是不断提升个人能力，让自身工作效能不断提高的过程。

5.2.1 精准聚焦：区分烦恼与问题

问题场景

1 我接待顾客投诉时，偶尔会遇到那种态度不好、素质较差的顾客，我认为这是个做总结时值得分析的问题。

2 这不是问题，这其实是烦恼。分析烦恼的价值和意义不大。

3 不是问题而是烦恼？怎么说呢？

4 烦恼是随着个人情绪产生的，是比较主观的，而且是随着工作存在的。

5 也就是说，烦恼是个人层面的，而待分析和解决的问题应当是组织层面的？

6 没错，烦恼通常是解决不完的，因为是和工作绑定在一起的，而问题是能够被解决的。

问题拆解

　　分析问题前，要明确什么是真问题，什么其实不是问题，只是烦恼。烦恼主要聚焦于主观情绪，而问题则针对组织层面。改善问题能够给团队创造价值，但尝试改变烦恼，产生不了任何价值，反而会让自己越来越烦恼。

方法与工具

工具介绍

发现问题

什么是问题？很多人并不清楚。比较容易和问题搞混的概念是烦恼。

什么是烦恼？烦恼是聚焦自我主观情绪产生的，而团队中的问题是针对组织层面、流程层面和制度层面产生的异常状况。

改善问题能够给组织创造价值，但解决烦恼，通常只给个人带来价值，而且很多烦恼是与岗位绑定的，无法被解决。

解决烦恼的逻辑是解决情绪问题的逻辑，解决问题的逻辑才是创造价值的逻辑。

烦恼的三大特征

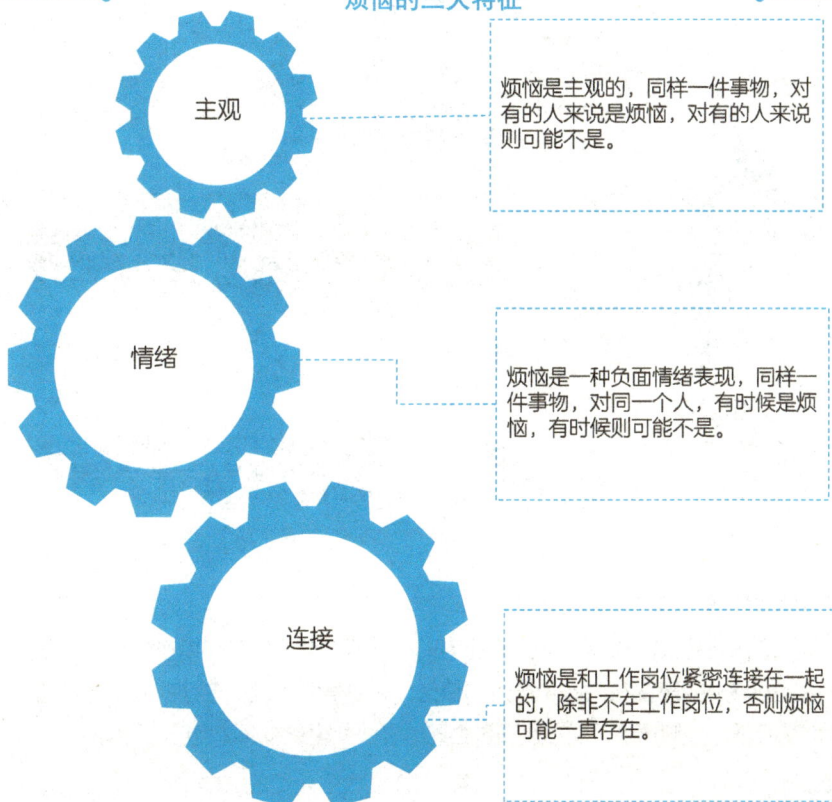

主观　　烦恼是主观的，同样一件事物，对有的人来说是烦恼，对有的人来说则可能不是。

情绪　　烦恼是一种负面情绪表现，同样一件事物，对同一个人，有时候是烦恼，有时候则可能不是。

连接　　烦恼是和工作岗位紧密连接在一起的，除非不在工作岗位，否则烦恼可能一直存在。

应用解析

职场中的 3 类人

烦恼是和岗位绑定的，是解决不完的，尝试解决烦恼并不能给团队带来价值。如果把重点放在解决烦恼上，同样可能郁郁寡欢，最终导致离职，而后会陷入恶性循环。

发现问题
解决问题

抱怨烦恼
尝试解决烦恼

懂得从烦恼中发现组织真正的问题，尝试解决问题。通过解决问题为组织创造价值，这类人在组织中最有可能获得晋升。因为组织必然希望其到更高的岗位上，解决更大的问题。

抱怨烦恼
不解决问题

问题得不到解决，烦恼依旧还在，结果没有给组织创造任何的价值。很可能最后在抱怨中选择离职。找到新工作之后，依然陷于这个循环。

小贴士

烦恼真能被解决吗？多数情况下不能。烦恼是因为工作而产生的，本质上是一种外部环境在内心中产生的情绪。解决情绪问题，最好的办法是学着转变思维，控制情绪，而不是通过尝试改变外部因素来缓解自己的情绪。

5.2.2　工作评价：分析的 4 个维度

问题场景

1 说起分析，上级也经常要求我分析和评价自己的工作，可我该怎么分析呢？

2 在做评价分析前，首先要尽量把自己的工作做到数据化。

3 我已经基本上做到了数据化，可接下来就不知道该怎么办了。

4 接下来可以从"多快好省"4 个维度实施分析。

6 多代表数量，也代表空间；快代表速度，也代表时间；好代表结果，也代表质量；省代表成本，也代表资源。

5 "多快好省"是什么意思？

问题拆解

当不知道该从哪些角度做工作评价分析时，可以首先将工作数据化。通过数据化，让工作输出能够被定义、描述和比较，从而能够判断工作情况的好坏优劣。完成数据化后，可以从"多快好省"4 个维度来分析。

方法与工具

工具介绍

通用分析的 4 种维度

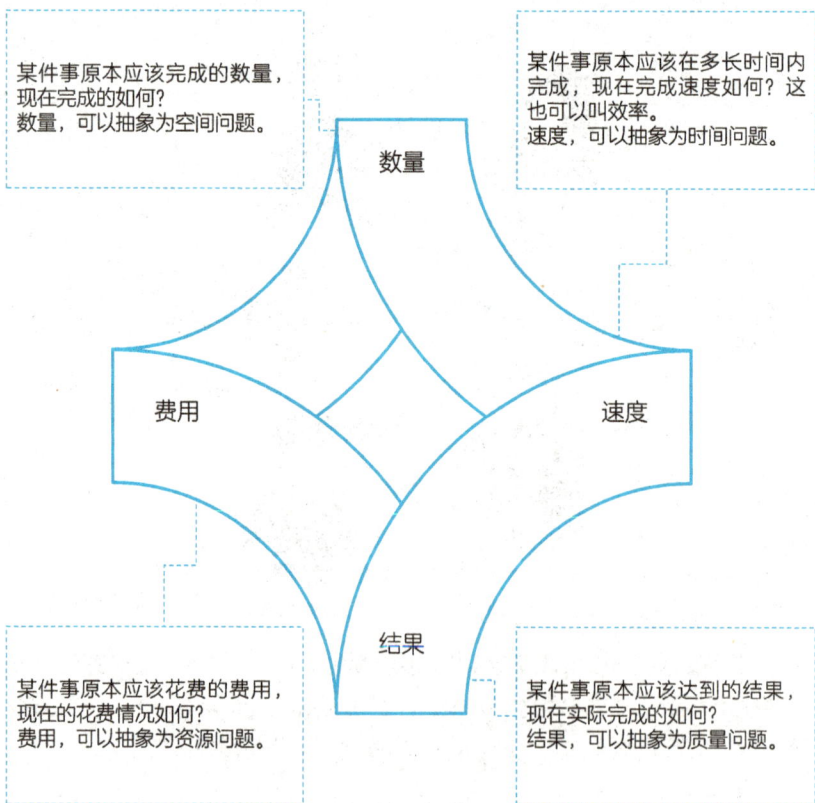

对工作的评价分析通常可以归结到 4 个维度，这 4 个维度分别是数量、速度、结果和费用，简单来说，就是"多快好省"。

分析时需注意，人们通常从主观上期望所有工作都能做到"多快好省"，但实际上"多快好省"之间是相互矛盾的。多，就不一定快，不一定好，也不一定省；省，就不一定多，不一定快，也不一定好。"多快好省"面面俱到是不现实的。

通用分析的 4 种维度

某件事原本应该完成的数量，现在完成的如何？
数量，可以抽象为空间问题。

某件事原本应该在多长时间内完成，现在完成速度如何？这也可以叫效率。
速度，可以抽象为时间问题。

数量

费用

速度

某件事原本应该花费的费用，现在的花费情况如何？
费用，可以抽象为资源问题。

结果

某件事原本应该达到的结果，现在实际完成的如何？
结果，可以抽象为质量问题。

应用解析

举例：人力资源招聘岗位的 4 种分析维度

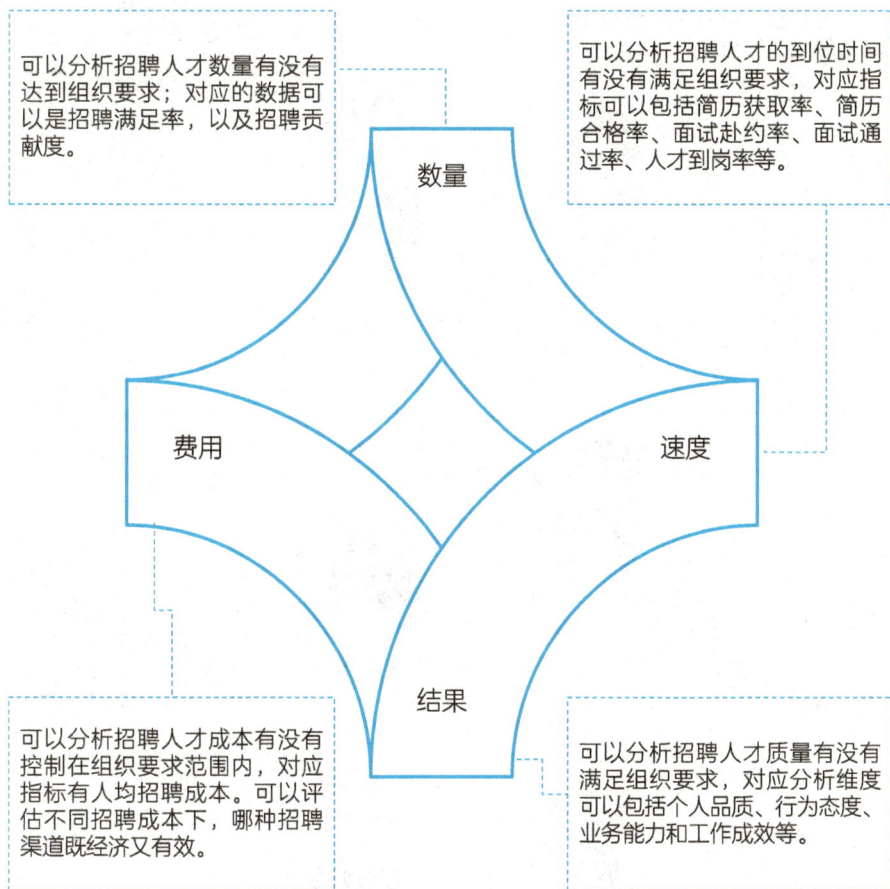

可以分析招聘人才数量有没有达到组织要求；对应的数据可以是招聘满足率，以及招聘贡献度。

可以分析招聘人才的到位时间有没有满足组织要求，对应指标可以包括简历获取率、简历合格率、面试赴约率、面试通过率、人才到岗率等。

数量

费用

速度

结果

可以分析招聘人才成本有没有控制在组织要求范围内，对应指标有人均招聘成本。可以评估不同招聘成本下，哪种招聘渠道既经济又有效。

可以分析招聘人才质量有没有满足组织要求，对应分析维度可以包括个人品质、行为态度、业务能力和工作成效等。

小贴士

"多快好省"4 种维度可以生发出不同的分析方法和思路，但不代表分析用的所有思路都可以从这个方法论中生发出来。当不知道该从哪些角度做分析时，可以借助这个工具厘清思路，查漏补缺，但如果很清楚手头的工作该如何分析，不必非要套用这个工具。

5.2.3 鱼骨分析：找到问题的核心

问题场景

1 我隐隐觉得，通过"多快好省"分析后，似乎还是分析得不彻底，好像还差点什么。

2 是的，多快好省只是一种评价分析，是分析问题的现状，没有深入分析产生问题的根本原因。

3 如何分析产生问题的根本原因，从而改进问题呢？

4 可以运用鱼骨图法，对现状进行拆解。

5 我之前听过鱼骨图法，但从来没实际运用过，觉得这只是理论。

6 工具和方法论就是用来指导实践的，如果不拿来用，只停留在纸面上，那学习还有什么意义呢？

问题拆解

　　评价分析的主要落脚点在评价上，或者换种说法，评价分析的主要作用是发现问题和分析问题的表象，而不是解决问题。要解决问题，需要更进一步深入分析问题，这时可以运用鱼骨图分析法。

方法与工具

工具介绍

鱼骨图分析法

发现问题后，可以用鱼骨图法分析问题和原因间的因果关系。运用鱼骨图法分析问题，有助于各方对问题达成共识，揭示问题的潜在原因，明确问题的根本原因。

应用鱼骨图法时，可以采用头脑风暴法，把参与者的意见和想法全部收集起来，并通过鱼骨图将其展示出来。一个人也可以应用鱼骨图法的原理来分析问题。

运用鱼骨图法的 4 个步骤

首先要明确待解决的问题。生产制造类问题通常可分成人员、机械设备、材料、方法、环境、测量6类因素；管理服务类问题通常可分成政策、人员、程序、地点4类因素。

对得出的鱼骨图进行进一步检查整理，对比较含糊的内容予以补充，对存在重复的内容进行合并。

| 1.明确问题 | 2.查找原因 | 3.检查整理 | 4.原因判断 |

用头脑风暴法，把所有产生该问题可能的原因按不同因素分类填入各分支。根据需要，也可以在分支中继续分支，也就是进一步探讨和分析更深层面的原因。

进一步进行小组讨论，对原因做充分比较和探讨，对于引起问题可能性最高的几个原因做进一步数据收集和整理，作为下一步问题分析和改进的重点内容。

应用解析

鱼骨图法应用

某生产制造公司近期连续接到3起某产品质量原因引起的顾客投诉。经调查，发现核心问题是该产品质量不稳定。针对如何解决此问题，该公司以鱼骨图法为工具，进行了针对产品质量不稳定问题的梳理。

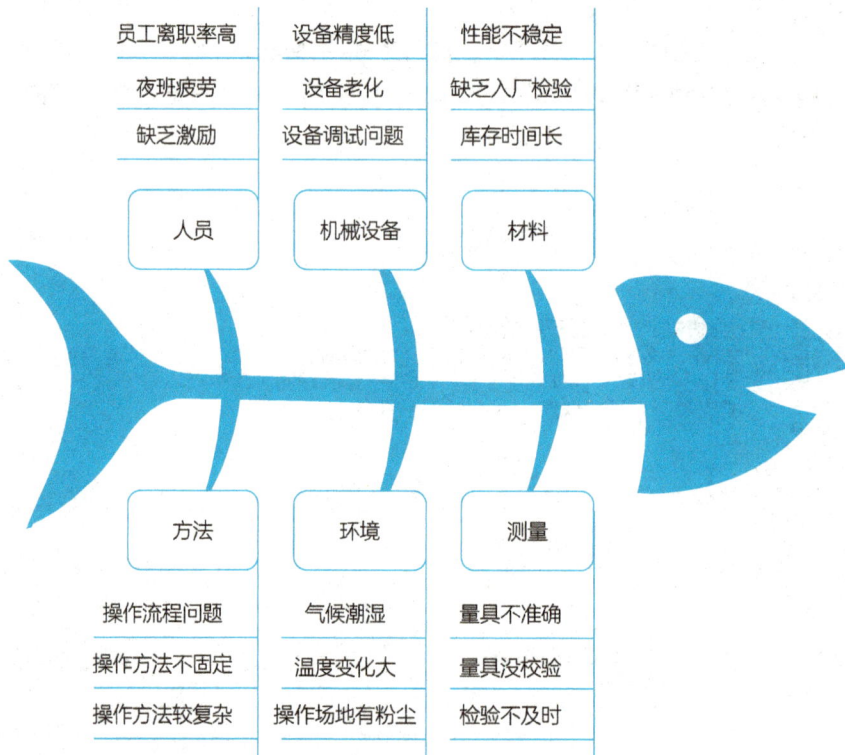

员工离职率高	设备精度低	性能不稳定
夜班疲劳	设备老化	缺乏入厂检验
缺乏激励	设备调试问题	库存时间长
人员	机械设备	材料

方法	环境	测量
操作流程问题	气候潮湿	量具不准确
操作方法不固定	温度变化大	量具没校验
操作方法较复杂	操作场地有粉尘	检验不及时

小贴士

　　用鱼骨图法分析问题的过程是先发散，再聚拢。也就是说，用鱼骨图法分析问题时，能够发现很多造成问题的可能原因，但究竟是哪种或哪些原因引发的问题，还需要进一步讨论或验证。

　　鱼骨图法不仅可以用于总结，在针对问题进行目标分解时，也可以运用。

5.3　如何设定目标

　　有效的目标是做好工作的前提，无效的目标等于没有目标。目标看似人人都会设定，实际上要设计出有效的目标并不简单，需要遵循一些基本原则和方法。很多人之所以业绩不好，正是因为不懂如何设定目标。

5.3.1 设定目标：制定目标的方法论

🔒 问题场景

1 感觉之前总是浑浑噩噩做事，我要给自己制定一系列做事的目标！

2 什么目标？

3 我要每天做一件实事，每周做一件好事，每月做一件新事，每年做一件大事。

4 什么是实事？什么是好事？什么是新事？什么是大事？有具体的定义吗？

5 具体的定义嘛……确实还没想好……

6 如果没有具体定义，那就是无效的目标，没有办法判断目标最后是否达成。

问题拆解

有效的目标才是真目标，设计目标的关键不仅在于有没有目标，也在于目标有没有效。要保证目标有效，设计目标时不能"拍脑袋"，不能想当然，应当遵循科学的工具和方法设计目标，并持续评估目标的有效性。

方法与工具

工具介绍

SMARTER 原则

设定目标时，应当遵循 SMARTER 原则，即具体的（Specific）、可以衡量的（Measurable）、可以达到的（Attainable）、具备相关性的（Relevant）、有明确截止期限的（Time-bound）、可执行的（Executive）、有结果的（Result）。

SMARTER 原则

S 具体的（Specific）：目标应当是具体的、可以被明确感知的，不能是抽象的概念或感觉。例如，今天某地的室外温度就是具体的，今天让人感觉冷或热就是抽象的感受。

M 可以衡量的（Measurable）：目标应当是能够被衡量的，例如好与坏就是无法衡量的。量化的、标准的、事实的往往是可以衡量的。

A 可以达到的（Attainable）：目标既要有一定的挑战性，也要有可能达到，脱离现实的目标只是幻想，起不到设定目标的效果。

R 具备相关性的（Relevant）：目标要和岗位、目的、战略之间存在相关性，多个目标之间也要存在相关性。

T 有明确截止期限的（Time-bound）：目标要有明确的时间限制，到某个时间点时，评估目标达成与否。

E 可执行的（Executive）：目标要可以通过完成某些任务或做出某些行为得以实现，不能落实到行动的目标是无效的。

R 有结果的（Result）：目标要和某种结果相关联，即当目标达成或无法达成时分别对应着怎样的结果。

应用解析

SMARTER 原则检验表

原则	序号	对应问题	判断
具体的 （Specific）	1	目标是否足够明确？	□是 □否
	2	目标是否足够简单易懂？	□是 □否
可衡量的 （Measurable）	3	目标是否具备激励性？	□是 □否
	4	目标达成与否是否能够被衡量？	□是 □否
可以达到的 （Attainable）	5	目标是否是现实的？	□是 □否
	6	目标是否与岗位相适应？	□是 □否
与其他目标具有 一定的相关性 （Relevant）	7	目标是否有足够的意义和价值？	□是 □否
	8	达成目标需要的资源是否能够被获取？	□是 □否
有时间限制的 （Time-bound）	9	完成目标是否有明确的时间要求？	□是 □否
	10	目标的时间限制是否足够明确？	□是 □否
可执行的 （Executive）	11	目标是否可以通过行动达成？	□是 □否
	12	目标是否能够促进岗位采取行动？	□是 □否
有结果的 （Result）	13	达成目标之后是否有相应的奖励？	□是 □否
	14	没有达成目标是否有相应的应对措施？	□是 □否

小贴士

目标可评判、可衡量的背后需要有明确的达成条件和事实。例如"今天完成 A 产品市场价格调研报告"，要事先明确达到什么条件才能叫完成。这里的条件可以是字数方面的限制、内容方面的限制或呈现方面的限制。

5.3.2 目标周期：不同周期设定目标

问题场景

1 我现在终于知道为什么原来设计的目标有问题了！

2 知道了目标该怎么设置之后，还要注意目标的时间周期。

3 目标的时间周期是什么意思？

4 就是把目标按周期长短划分成近期目标和远期目标，近期目标和远期目标之间要相互对应。

5 明白了，这样目标之间就形成了承接，既考虑眼前，又考虑长远。

6 没错，远期目标是期望，近期目标是为了达成远期目标而存在的。

问题拆解

设计目标时，要根据时间周期的不同，设计不同周期的目标。根据时间长短不同，可以分成远期目标和近期目标。远期目标一般是以年为单位的目标，近期目标可以以季度、月度、周、日甚至小时为单位。

方法与工具

工具介绍

常见的 6 类目标周期

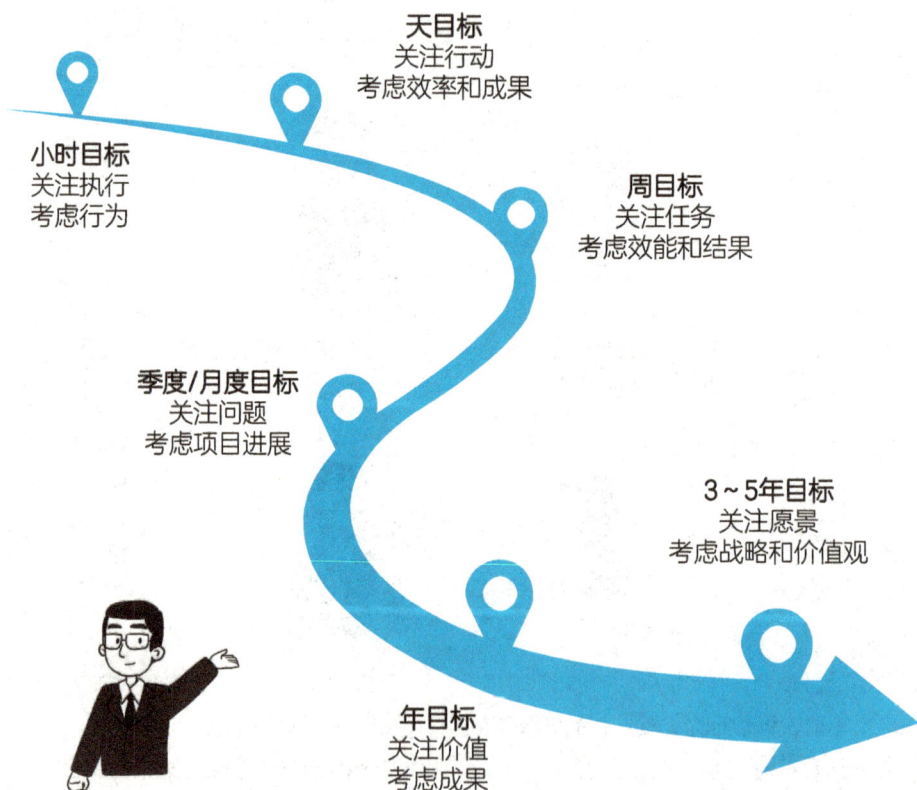

根据时间长短不同，常见的目标周期可以分成 6 类，分别是 3 ~ 5 年目标；1 年目标；季度 / 月度目标；周目标；天目标；小时目标。越远期的目标，越应关注一些宏观的、模糊的、长远的、愿景类的事务；越近期的目标，越应关注一些微观、具体、短期、可操作、可执行的事务。

常见的 6 类目标周期

天目标
关注行动
考虑效率和成果

小时目标
关注执行
考虑行为

周目标
关注任务
考虑效能和结果

季度/月度目标
关注问题
考虑项目进展

3 ~ 5年目标
关注愿景
考虑战略和价值观

年目标
关注价值
考虑成果

应用解析

案例：人力资源总监岗位的 6 类目标

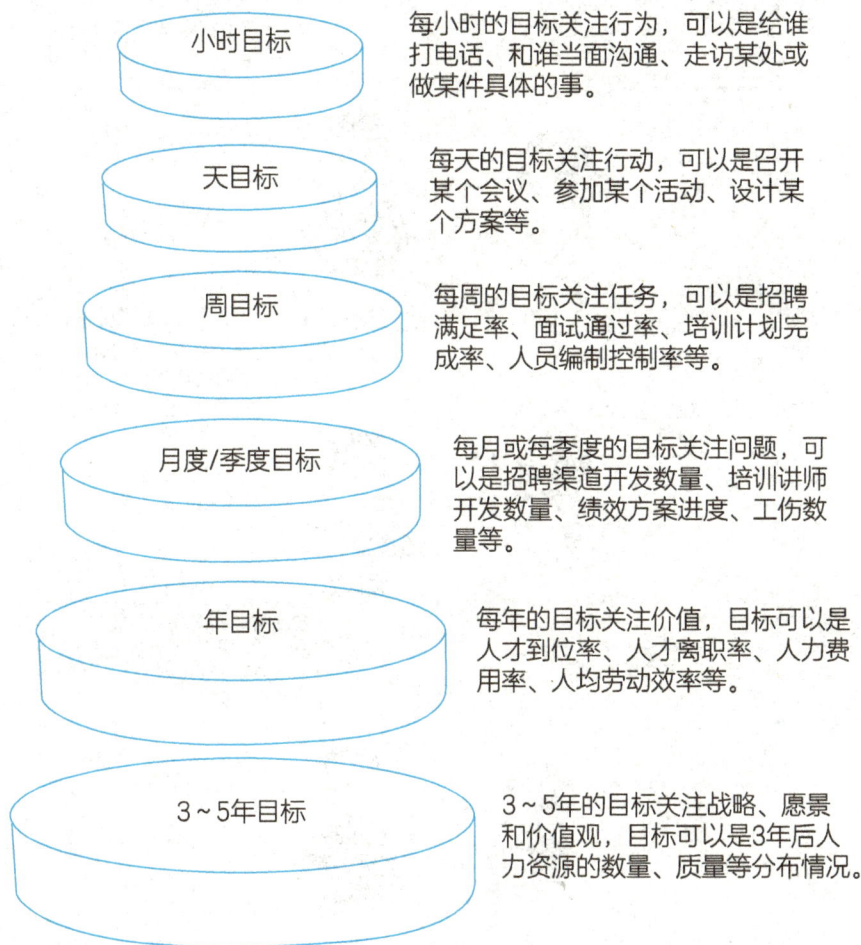

小时目标　　每小时的目标关注行为，可以是给谁打电话、和谁当面沟通、走访某处或做某件具体的事。

天目标　　每天的目标关注行动，可以是召开某个会议、参加某个活动、设计某个方案等。

周目标　　每周的目标关注任务，可以是招聘满足率、面试通过率、培训计划完成率、人员编制控制率等。

月度/季度目标　　每月或每季度的目标关注问题，可以是招聘渠道开发数量、培训讲师开发数量、绩效方案进度、工伤数量等。

年目标　　每年的目标关注价值，目标可以是人才到位率、人才离职率、人力费用率、人均劳动效率等。

3～5年目标　　3～5年的目标关注战略、愿景和价值观，目标可以是3年后人力资源的数量、质量等分布情况。

小贴士

一般来说，1 年及以上的目标，可以被认为是远期目标，1 年以内的目标，可以被认为是近期目标。先有远期目标，再有近期目标。近期目标来源于远期目标，是由远期目标推导而来的，是为达成远期目标服务的。

5.3.3　目标分解：应当这样分解目标

问题场景

1 之前经常出现一种情况：我的目标达成了，我团队的目标却没达成。

2 这是因为你的目标不能支撑团队的目标。

3 问题出在哪里呢？

4 这种情况通常是没做好宏观目标到微观目标的转换。

5 那应该怎么样才能做到这一点呢？

6 把宏观目标和微观目标放在一起设计，用图形或数字表达出来，厘清它们的逻辑关系，就能避免出问题。

问题拆解

宏观目标分解到微观目标的过程容易出现目标错配问题，就是微观目标不能为实现宏观目标服务。这种情况除了上级需要在下级设计微观目标时共同参与，把好关之外，还可以把宏观目标到微观目标的推导过程用图示或数字的形式表达清楚，厘清其内在逻辑。

方法与工具

工具介绍

常见的 3 种目标分解方法

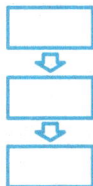

宏观目标分解为微观目标的方法有 3 种：

第 1 种是针对一个宏观问题实施的目标分解，叫三层级目标分解法。

第 2 种是针对要实现的某个价值实施的目标分解，叫价值结构目标分解法。

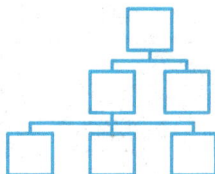

第 3 种是针对达成某个战略实施的目标分解，叫战略地图目标分解法。

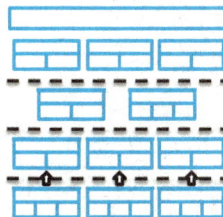

常见的 3 种目标分解方法

三层级目标分解法 —— 适用于解决某类问题

价值结构目标分解法 —— 适用于实现某种价值

战略地图目标分解法 —— 适用于实现某个战略

应用解析

目标分解原理

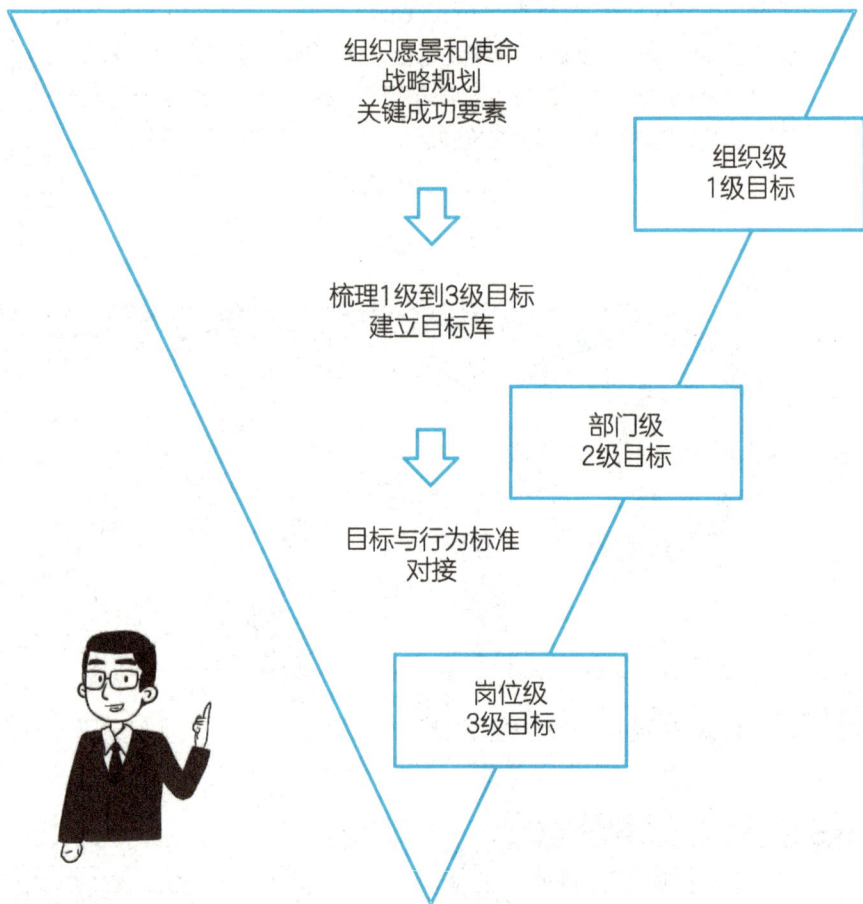

组织愿景和使命
战略规划
关键成功要素

组织级
1级目标

梳理1级到3级目标
建立目标库

部门级
2级目标

目标与行为标准
对接

岗位级
3级目标

小贴士

对目标的设计和分解过程，是将组织目标分解后，先自上而下地分配给各部门，由各部门分配给各岗位，延续自下而上地沟通、调整、确认的过程。通过这一系列过程最终确认的目标，能够保证组织实现整体目标。

5.4 如何编制计划

计划是下级和上级一起围绕目标共同制订的，为实现目标而采取的一系列任务和行动。计划必须清楚说明期望达到的结果，需要明确为了达到结果需要的技能，以及要明确需要具体完成哪些任务和行动。

5.4.1 目标优先：编制计划的 3 个步骤

问题场景

1 有了工作总结，有了目标设定，现在我的工作比以前清晰多了，接下来朝目标努力就行了！

2 你具体要怎么朝目标努力呢？

3 啊？这个问题真是从来没想过……

4 如果你不清楚自己该怎么朝目标努力，不知道该做什么，又怎么能保证自己实现目标呢？

5 那我该怎么办呢？

6 你应该制订工作计划，把如何实现目标的具体行动和方案列清楚。

问题拆解

　　有了工作总结，发现了问题，分析了问题，有了针对问题制定的目标后，不代表目标就能自动达成。从目标到达成目标想要的结果，需要有对应的工作计划。工作计划中要包含具体的行动和方案。

方法与工具

工具介绍

编制计划的 3 个步骤

编制计划可以分成如下 3 步：

第 1 步是设定出具体的目标。

第 2 步是根据目标制定出能实现目标的方案。

第 3 步是根据方案制订出具体的行动计划。

编制计划的 3 个步骤

在编制计划的过程中，要不断验证行动和目标之间的承接性和关联性

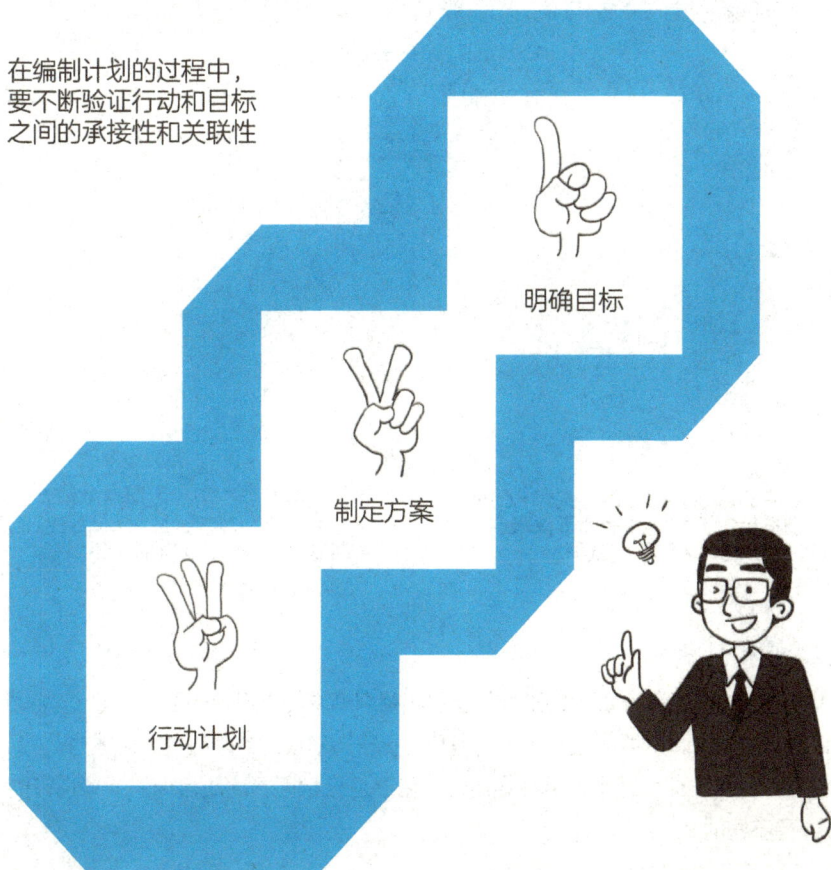

明确目标

制定方案

行动计划

应用解析

制订计划需遵循的四大原则

在制订计划的过程中，要邀请上级充分参与，充分沟通。必要时，可以引导整个团队一起参与，确保信息通畅。

组织、部门和岗位的计划是一个整体，下级和上级统筹规划，通盘思考，以组织战略目标为基本依据。

参与
原则

协同
原则

可行
原则

激励
原则

计划中的目标达成与否，要有一定的激励措施，这种激励措施不仅来自团队，也来自个体的自我激励。

计划要重点突出，体现岗位特点，并且通过努力能够达成，有可行性，不能盲目制订不切实际的计划。

小贴士

（1）计划体现出的工作价值要和组织追求的价值相一致。

（2）计划要对应目标，没有和目标——对应的计划往往是无效的。

（3）计划通常不具备通用性，就算目标相同，达成目标的计划也可能是不同的。

5.4.2 围绕价值：这样设计行动方案

问题场景

1 看来我应该围绕目标好好制订工作计划。

2 确切地说，应该是围绕价值。目标也是围绕价值制定的，工作计划同样要围绕价值。

3 每次说到围绕价值，我就觉得很空洞。

4 价值用不好是虚的，用好了就是实的，前面已经说过怎样算比较实地创造价值。

5 对啊，不能让创造价值成为一句空话，要落实到行动中。

6 所以在具体设计工作计划当中的行动方案时，要围绕价值进行。

问题拆解

　　围绕价值开展工作，不是一句空话，而是实实在在的。要做到这一点，靠的不仅是"价值思维"，还包括"价值行为"。所谓"价值行为"，就是围绕价值开展的一系列行动，包括围绕价值设定工作目标、安排工作任务，在这个过程中，要考虑需求的资源和基础。

方法与工具

工具介绍

围绕价值采取行动

　　做计划时，要先思考自己想创造什么价值。这里的价值不仅包括对团队的价值，也包括自己的价值。通过想实现的价值，设定要达成什么样的目标。设定目标后，要围绕目标设计工作任务和行为。这样一环扣一环推导出来的任务和行为，才是有意义的。

　　制订计划的过程中，要盘点当前的基础和资源。基础是自身具备的，是可以通过努力补充的。资源是需要通过外部寻求的，需要别人配合与支持的。

围绕价值采取行动的逻辑

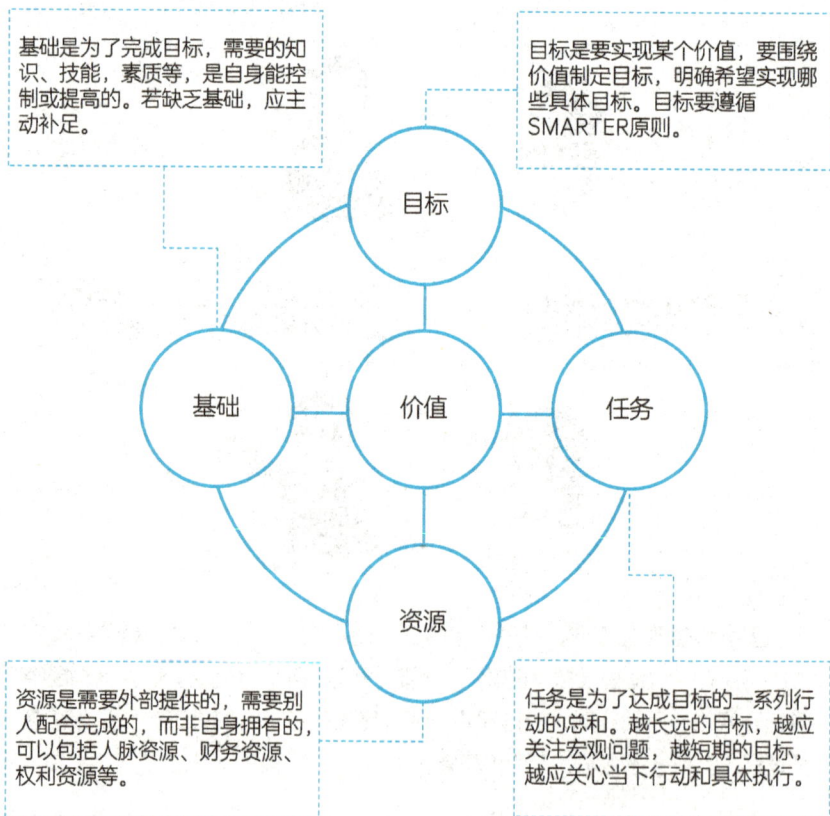

基础是为了完成目标，需要的知识、技能，素质等，是自身能控制或提高的。若缺乏基础，应主动补足。

目标是要实现某个价值，要围绕价值制定目标，明确希望实现哪些具体目标。目标要遵循SMARTER原则。

```
            目标

    基础    价值    任务

            资源
```

资源是需要外部提供的，需要别人配合完成的，而非自身拥有的，可以包括人脉资源、财务资源、权利资源等。

任务是为了达成目标的一系列行动的总和。越长远的目标，越应关注宏观问题，越短期的目标，越应关心当下行动和具体执行。

应用解析

计划中的四大核心内容

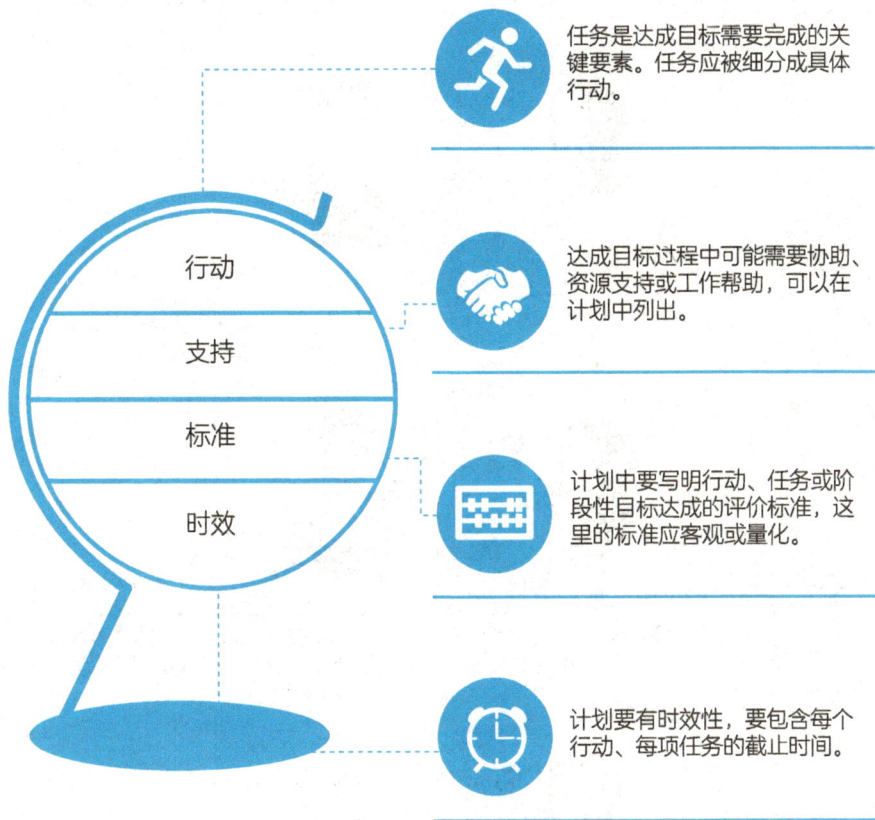

任务是达成目标需要完成的关键要素。任务应被细分成具体行动。

达成目标过程中可能需要协助、资源支持或工作帮助，可以在计划中列出。

行动

支持

标准

时效

计划中要写明行动、任务或阶段性目标达成的评价标准，这里的标准应客观或量化。

计划要有时效性，要包含每个行动、每项任务的截止时间。

小贴士

　　很多人做计划，先想的是"我想做什么事"，而不是"我该做什么事"。如果总以这种方式做事，长期下去将越来越失去意义感。正确的思考方式是先思考"该做什么事"，也就是自己想创造什么价值。

5.4.3 问题导向：逐级分层解决问题

🔒 问题场景

1 前面说到的目标分解，其中有个三层级目标分解法，具体怎么用呢？看起来就是把目标分到3个层级。

2 原理是把问题分层，有组织层面要解决的问题，有流程层面要解决的问题，也有任务层面要解决的问题。

3 什么样的问题都可以用这个方法吗？

4 是的，这种方法适合一切能够被解构和改善的问题。

5 一定要分成3个层级吗？如果只能分两个层级或想分更多层级可以吗？

6 3可以是实数，也可以是虚数，明白了原理，分两层或分4层都是可以的。

问题拆解

当遇到某个问题，要以解决问题为大目标来做目标分解时，可以用三层级目标分解法。三层级目标分解法的本质是对问题从宏观到微观予以分解的过程。根据实际情况，问题层级的划分可以是 3 层，也可以是更少或更多层。

方法与工具

工具介绍

三层级目标分解法

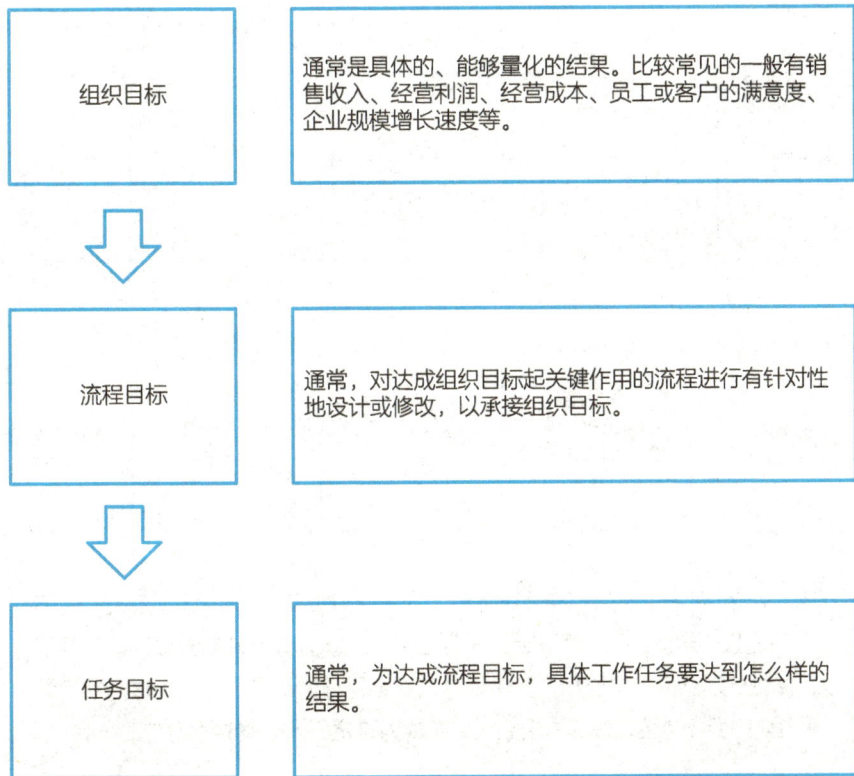

三层级目标分解法比较适合解决某个具体问题。这种方法是把目标分解为组织目标、流程目标和任务目标 3 个部分。这 3 个层面的目标数量一般是自上而下、由少到多的关系。

组织目标要想最终落地，需要有其他目标作为支持。在设计整个目标体系时，需要充分考虑其他目标对组织目标的作用和因果关系。通过逐项实现其他目标，最终达到组织目标。

三层级目标分解法

组织目标	通常是具体的、能够量化的结果。比较常见的一般有销售收入、经营利润、经营成本、员工或客户的满意度、企业规模增长速度等。

流程目标	通常，对达成组织目标起关键作用的流程进行有针对性地设计或修改，以承接组织目标。

任务目标	通常，为达成流程目标，具体工作任务要达到怎么样的结果。

应用解析

案例：三层级目标分解法应用

某餐饮公司近期业绩下滑，分析后发现原因是顾客满意度降低了，于是将提高顾客满意度设置为组织目标。顾客满意度低的原因有两个：一是上餐慢；二是菜品口味不一致。将此设置为流程目标，并针对流程目标设置任务目标如下。

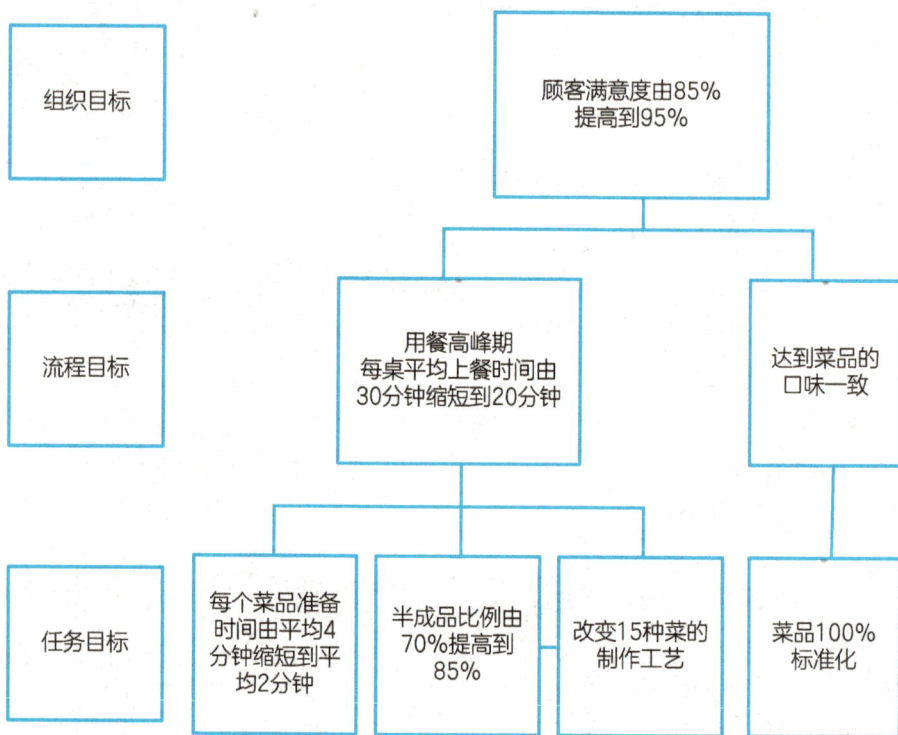

组织目标	顾客满意度由85%提高到95%	
流程目标	用餐高峰期每桌平均上餐时间由30分钟缩短到20分钟	达到菜品的口味一致
任务目标	每个菜品准备时间由平均4分钟缩短到平均2分钟 · 半成品比例由70%提高到85% · 改变15种菜的制作工艺	菜品100%标准化

小贴士

运用三层级目标分解法定义任务目标后，能充分支持流程目标。流程目标也能充分支持组织目标。要保证这三层级目标最终实现，要给每个目标设置具体的责任岗位，保证责任到人，并成为该责任人一段时间内的工作目标。

06

数据应用：巧用——
数据打造专业形象

◆ 本章背景

1 上级总说我不够专业，说我汇报的内容中没有数据，要我学会用数据说话。

2 上级的意思应该是要求你具备数据分析的思维和能力。

3 可是我已经在报告中加入数字了，以前报告中都是形容词，现在都是用数字来表达。

4 用数据说话的意思不是把原来的文字变成数字，数据说话不是目的，通过数据分析提高工作效能才是目的。

5 什么意思？我已经加入大量的数字了，还不算用数据说话吗？

6 说数据的目的是什么？是为了发现问题、分析问题和解决问题呀，不是为了数据而数据。

背景介绍

有人认为数据分析就是使用 Excel 软件做表格，有人认为数据分析一定要有大量的数字，有人认为数据分析就是一大堆数字配上一大堆图表的报告，这些都是对数据分析的错误认知。数据分析不是简单地用数字说话，而是通过数据，找到问题、分析问题和解决问题，从而提升效能的过程。

6.1 如何用数据解决问题

管理学大师彼得·德鲁克（Peter F. Drucker）说："只有可测量的才能够被有效管理。"随着经济环境对公司经营管理能力的要求越来越高，传统管理决策中的拍脑袋在公司管理中越来越不适用。如何运用数据分析来指导管理实践活动显得越来越重要。通过数据解决问题已经成为时代的需要、公司的需要和个人的需要。

6.1.1 聚焦措施：数据分析问题的逻辑

问题场景

1 我会定期给上级发送数据报表，可上级看完之后也没反应，是不是我的上级对数据报表没兴趣呀？

2 可能是你发送的数据报表本身"没有然后"，所以就"没有然后"了。

4 只发送数据报表是没有用的，那只是完成了对现状的描述，缺少接下来的行动方案，就是无效的数据罗列。

3 啊？什么意思？问题在我吗？

6 要对数据进行加工分析，发现某个问题，形成行动方案，评估行动结果，达成某个目标，而不是只为了罗列数据。

5 那我接下来应该怎么做呢？

问题拆解

数据分析中常见的问题有 4 种：一是为了量化而量化，结果导致有了数据，却没有分析；二是为了数据而数据，结果导致有了分析，却没有结论；三是为了分析而分析，结果导致有了结论，却没有行动；四是为了报告而报告，结果导致有了行动，却没有评估。

方法与工具

工具介绍

数据分析的 4 层逻辑

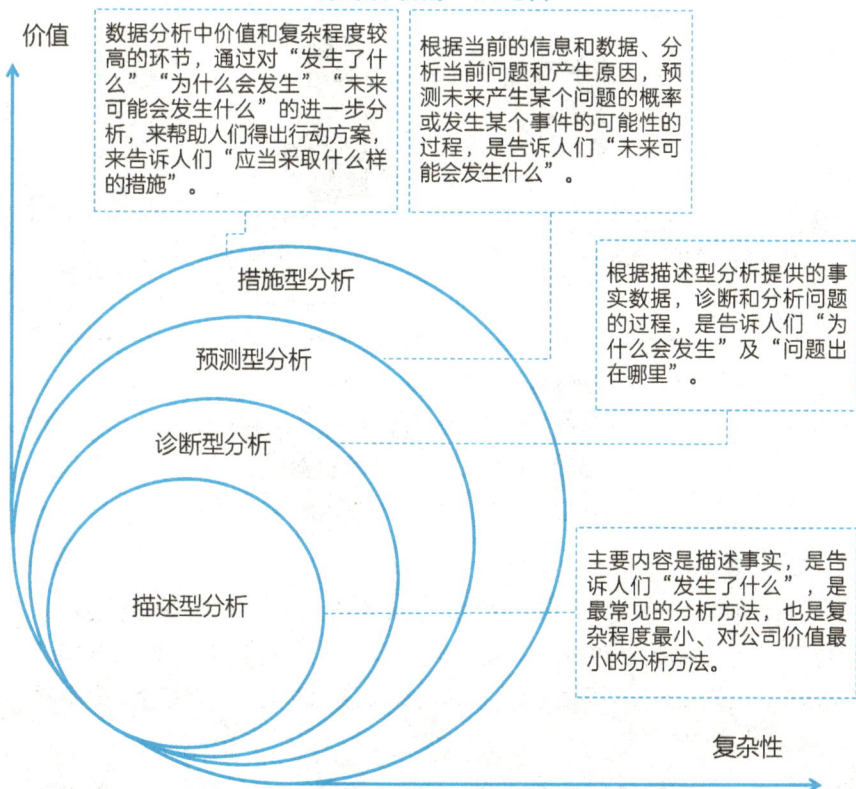

通用的数据分析可以按照 4 层逻辑开展，分别是描述型分析、诊断型分析、预测型分析和措施型分析。

描述型分析是让事实变得数据化、可视化的过程。

诊断型分析是对数据核心意义的挖掘和探讨，是对问题的查找、判断、分析。

预测型分析是利用预测分析模型或某种算法，预测某值或某事件的未来发展。

措施型分析是应用分析技术，以解决问题为目的，选择最优行动策略和方案，做出决策。

数据分析的 4 层逻辑

价值

数据分析中价值和复杂程度较高的环节，通过对"发生了什么""为什么会发生""未来可能会发生什么"的进一步分析，来帮助人们得出行动方案，来告诉人们"应当采取什么样的措施"。

根据当前的信息和数据、分析当前问题和产生原因，预测未来产生某个问题的概率或发生某个事件的可能性的过程，是告诉人们"未来可能会发生什么"。

措施型分析

预测型分析

诊断型分析

描述型分析

根据描述型分析提供的事实数据，诊断和分析问题的过程，是告诉人们"为什么会发生"及"问题出在哪里"。

主要内容是描述事实，是告诉人们"发生了什么"，是最常见的分析方法，也是复杂程度最小、对公司价值最小的分析方法。

复杂性

6.1.2　掌控汇报：通过数据争取话语权

问题场景

1. 我总觉得平时在上级和同事面前没什么话语权。

2. 数据分析就是可以让你获得话语权的最好方式。

3. 是吗？数据分析真有那么神奇吗？

4. 你想象一下，当周围的人提要求或做决策时在拍脑袋，而你能拿出数据证明自己的结论，是不是更有说服力？

5. 确实是，说得再天花乱坠，也不如直接把数据拿出来有说服力。

6. 所以掌握数据分析的技能不仅能给团队创造价值，更能为自己争取到资源。

问题拆解

　　如何掌控话语权？当别人觉得你比他掌握了更多信息、更专业，在某个问题上有更深刻的研究时，你就能掌控话语权。掌握数据，能给你带来话语权，能让工作开展得更顺畅。所以说，数据分析能力，是每个人必备的能力。

方法与工具

工具介绍

数据分析的 4 步流程

数据分析的操作流程可以分成 4 步，分别是找到问题、形成方案、采取行动和持续评估。

这 4 步流程看起来容易，实际上在真正应用时很容易被忽略。有时候即便已经掌握了，也会忘了用，或即便知道应该如何运用，但到真正运用时还是会考虑各种因素而不愿意按照这种流程运用。

数据分析的 4 步流程

第1步，通过对数据的处理、分析、比较、厘清关系等发现和找到待解决的问题。

第2步，运用数据分析的4层逻辑找到解决问题的措施，并形成具体、可落地、可实施的解决方案。

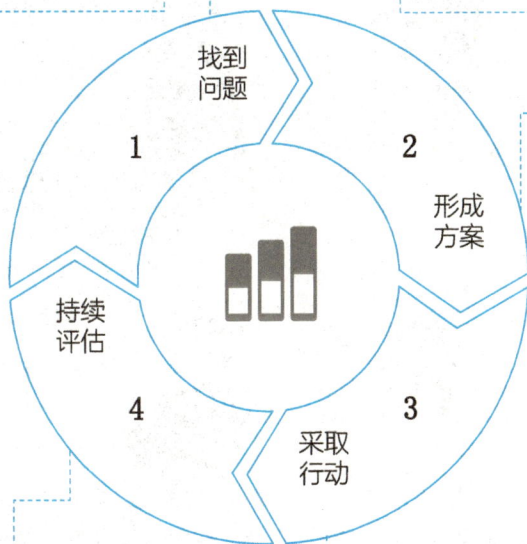

找到问题 1

形成方案 2

持续评估 4

采取行动 3

第4步，对行动方案是否达到预期结果持续做评估。达到预期应总结经验，未达到预期应发现问题并实施改进。

第3步，根据制定的解决方案采取行动。行动要持续且有效进行。

6.1.3　善用数据：解决问题大于数据罗列

问题场景

1
有些数据我能掌握，有些数据我不掌握，也没权限拿到。这种情况该怎么做呢？

2
数据分析的关键是拥有数据分析思维。有了这种思维，就算不掌握数据也能掌控话语权。

3
啊？　我没听错吧？就算我不掌握数据也能有话语权？

4
是的，就算你不掌握数据，但你能通过数据思维发现别人做事的漏洞，指出对方的漏洞，让对方来寻找相应的数据。

5
原来如此，竟然还可以这样！

6
与其说数据分析是某种特定的工作，不如说是一种思路。与其说数据分析能力是一种能力，不如说是一种思维习惯。

问题拆解

　　让自己有话语权的方式有两种，一种是掌握具体数据，用数据说服别人；另一种是运用数据分析思维找到对方的逻辑漏洞。数据分析更像一套做事的思路，而不一定是某项具体的工作。掌握数据分析的思路后，就算不掌握具体的数据，依然能让自己有话语权。

方法与工具

工具介绍

数据分析的操作思路

数据分析的操作思路可以分成3步：

第1步，明确为什么分析；

第2步，搞清楚分析什么；

第3步，理清楚如何分析。

数据分析的操作思路

数据分析的方法和工具固然重要，但分析的目的、目标和方向更重要。实施数据分析前，一定要明确想通过分析说明什么问题，解决什么问题，或预防什么风险。分析指向的第一目标是行动，终极目标一定是提升组织的价值。

为什么 1

是什么 2

3 如何做

要明确分析的具体方式。例如，如果按照时间频率分析，应以月为单位、以季度为单位，还是以年为单位，或可以考虑进行不定期的分析；要找到恰当的分析工具，选用准确的分析方法。

明确方向后，要明确具体应当分析什么。公司中的问题很多，但资源有限，并不是所有的问题都要优先解决。先解决哪个问题、再解决哪个问题，要根据待解决问题的重要性排序后决定。

6.2　数据分析有哪些方法

数据分析中常用的分析方法按照大类划分有对比分析法、属性分析法和图形分析法 3 种。其中，对比分析法包括时间对比分析、空间对比分析和基准对比分析；属性分析法包括相关关系分析、组成关系分析和聚类关系分析；图形分析法包括理论模型分析、空间结构分析和象限分类分析。

6.2.1 对比分析：找到数据的差异

问题场景

1 之前不会用数据说话，工作指标不知道该怎么用数据表达，现在有了数据，可还是不知道该怎么分析。

2 如果是单一的数据，可以首先尝试采用对比分析。

3 对比分析是什么意思？

4 就是用这个单一数据和不同的数据做比较，通过比较发现问题和查找不足。

5 都可以做哪些比较呢？

6 可以自己和自己比，可以自己和外部比；可以和上年同期比，也可以和上个月比。

问题拆解

　　对任何单一的数据指标，都可以先尝试做对比分析，通过比较数据间的关系，发现数据指标的优劣。对比分析的维度有很多，如果按内外部划分，可以和内部对比，也可以和外部对比；如果按时间划分，可以和不同时间点的内部对比，也可以和不同时间点的外部对比。

方法与工具

工具介绍

对比分析

对比分析是将有一定关联性的数据进行比较，从数量上展示和说明研究对象的规模大小、水平高低、速度快慢等相对数值间的差异。通过相同维度下数据之间的对比，可以发现在不同阶段存在的问题。

常见对比分析的方法有 3 种，分别是时间对比分析、空间对比分析、基准对比分析。

对比分析的 3 种方法

时间对比分析是对不同时间段内事物间发展变化情况的对比分析。常见时间对比分析根据时间段不同可以分成同比分析和环比分析。同比分析是某个时期与上年同一时期水平的对比；环比分析是某个时期与前一时期水平的对比。

时间对比

同比增长率＝（本期数据－上年同期数据）÷上年同期数据×100%
环比增长率＝（本期数据－上期数据）÷上期数据×100%

空间对比

空间对比分析指在同一时间内，不同事物间结构的对比分析。常见的空间对比分析根据结构上的不同可以分成横向对比和纵向对比。根据空间设置的不同，横向分析和纵向分析的定义可以代表自己与自己比、自己与外部比。交叉分析则是自己与别人间的交叉对比。

基准比率差距＝（当前数据－基准数据）÷基准数据×100%

基准对比分析是在固定时间和空间，与某一特定或标准的对象进行的对比分析。

基准对比

6.2.2 属性分析：发现事物间关系

问题场景

1 我做数据分析时，经常发现A事项发生变化后，B事项也发生变化，看来二者应该存在因果关系。

2 不能这样直接下结论，A和B之间可能只存在一定的相关性，只是相关关系，而非因果关系。

3 相关关系和因果关系有什么不同吗？我感觉好像都差不多。

4 相关关系包含因果关系。因果关系必定是一种相关关系，但相关关系却不一定是因果关系。

5 我明白了，这么说我还是要好好分析数据之间的关系。

6 这就要用到属性分析，通过属性分析得出事物间关系的结论。

问题拆解

　　仅依据统计数据和主观想象不足以得出事物间存在因果关系的结论，想要得出因果关系，必须严格从理论上证明，并且要排除隐含变量可能导致当前变量变化的可能性。要分析数据和事物间的关系，可以用到属性分析。

方法与工具

工具介绍

属性分析

对比分析法研究的内容主要是事物间的数量变化，而属性分析法研究的内容主要是事物间的内在属性和相互间的关系。

常见属性分析的方法有 3 种，分别是相关关系分析、组成关系分析和聚类关系分析。

属性分析的 3 种方法

组成关系分析指某一事物与另外事物间呈现组成关系的情况分析。组成关系可以有包含关系、来源关系、因子关系等种类。

聚类是将数据分类到不同的类或簇中的过程，所以在同一类或同一簇中的对象具有很大的相似性，而不同簇间的对象有很大的相异性。

组成关系

相关关系分析指当某一个或几个变量发生变化时，相关的另一个或几个变量将会随之按照某种规律在一定范围内变化的分析。这种变量间的相互关系，被称为相关关系。

聚类关系

相关关系

6.2.3 图形分析：可视化感官体验

问题场景

1
我总觉得我的数据分析可视化做得不够，表格就算标了颜色，也还是难以被上级快速理解。

2
可以尝试采用图形分析。

3
就是把表格中的数字用图形来展示吗？

4
不仅是数字，文字也可以用结构化的图形来表达。实际上，所有数据都可以进行图形化分析。

5
关于图形化分析我理解了，可文字也属于数据吗？

6
当然属于，数据≠数字，数据是data，数字是number。我们要做数据分析，而不是数字分析。

问题拆解

增强数据分析的可视化，可以通过图形分析，将数据转变为图形。数据并不仅指数字，数据是 data，其含义非常广泛，除数据之外，还有信息、资料、材料的意思。事实上，data 的意义更像 information（信息），是一种信息的集合，包括但不限于 number（数字）。

方法与工具

工具介绍

图形分析

图形分析法是将数据或信息转化为图形的分析方法。因为图形具有可视化更强的特点，能够给人们带来更强的感官体验，所以在某些情况下，通过图形表达数据分析的过程和结论能让人更快、更好地理解。

常见图形分析的方法有 4 种，分别是图形转换分析、模型工具分析、象限分类分析、空间结构分析。

图形分析的 4 种方法

模型工具分析指将数据或信息以某种模型的方式呈现。这里的模型和工具不仅是统计学中对数据处理的模型，更重要的是以比较经典的工具、方法为模型实施的分析。

象限分类分析指根据数据类型的不同，用坐标轴的象限划分类别，将数据划分到不同象限中，并进行分类的方法。象限分类分析可以被广泛应用于对事物类别的划分上。

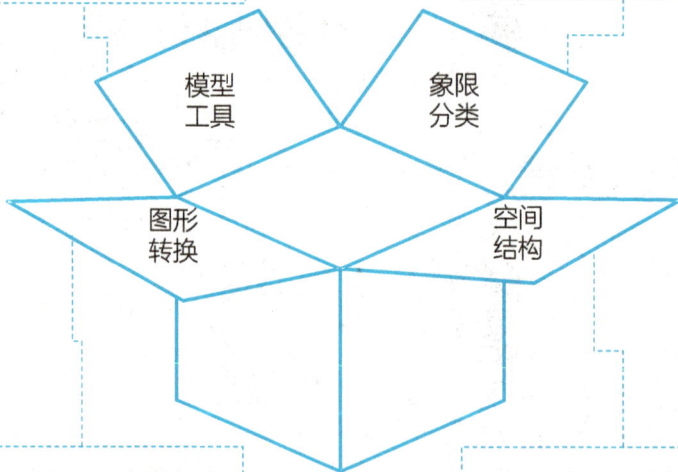

模型
工具

象限
分类

图形
转换

空间
结构

比较常见的图形分析法是利用软件（如Excel）把数据信息转化为图形，从而让数据信息展现得更加直观，例如柱状图、饼状图、折线图、条形图、面积图、散点图、雷达图等。

空间结构分析是通过图形描绘，便于人们可视化地认知和识别出数据间的空间关系或结构关系。空间结构分析可以被广泛应用于存在某种结构关系的事物的绘制和分析上。

6.3　用不好数据会发生什么

　　人们常说"数据会说话""数据代表事实""数据就是真理"，实际上这些理解并不确切。有时如果运用不当或人为故意用错数据、方法或工具，数据和图表会误导人，也就是说，数据也可能会说谎。要想客观、理智地实施数据分析，不可以"就数论数"，要把数据和实践联系在一起分析，除了要有专业的工具和方法外，还需要具备理性的认识、清醒的头脑和专业的态度。

6.3.1 视觉盲区：误导结论的图形

问题场景

1. 为什么我有时候看到相同的底层数据，却得到看起来完全不一样的图形呢？

2. 应该是编辑图形的方式不同。图形用不好，有可能引起误导。

3. 什么样的误导呢？

4. 可能会掩盖问题，也可能会放大成绩。

5. 怎么会出现这种误导呢？

6. 表格转换成图形时，只要变化坐标轴的数字区间，就可能出现这种误导。

问题拆解

　　虽然有时候用表格呈现数据的视觉效果比较差，但表格传达的信息可以平均人们的注意力，不具备较强的感情色彩。图形传达信息的视觉效果虽然比较好，但人们接受图形传递的信息往往来自第一眼的印象，有时候会给人带来误导。

方法与工具

工具介绍

视觉盲区

　　用表格呈现出来的数据具备不加修饰的客观性。一旦把表中的数据转换成图形后，虽然感官上相对较直观，但从理性上有可能会对人形成误导。

　　视觉盲区指人们在运用图形表达数据时，有意或无意间使图形从视觉上没有客观地表达其原本的意思，从而对人们产生误导。视觉盲区可以掩盖问题，夸大成绩。

案例：视觉盲区

某公司对基层员工进行满意度调查，其中一项是对直属上级管理方式的满意度，问卷共3个选项："满意""不满意"和"折中"，得出表格和图形如下。图形1和图形2拥有相同的底层数据，但因纵轴数字区间不同，视觉上呈现出不同的导向。

选项	选择人数	占比
满意	1 000	36.4%
不满意	900	32.7%
折中	850	30.9%
合计	2 750	100.0%

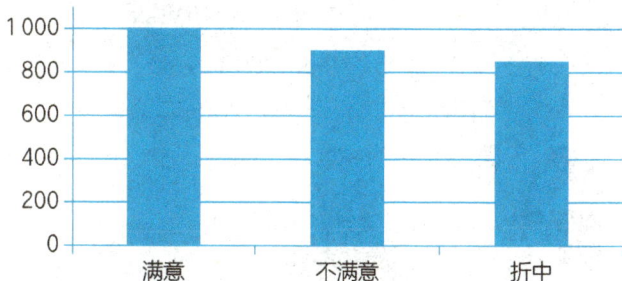

图形1视觉上相对客观地反映出不满意的人数较多，这显然是个问题。

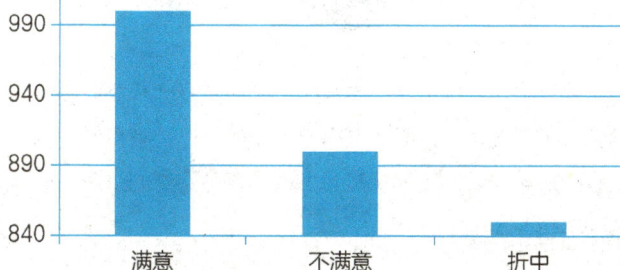

图形2视觉上感觉不满意的人数较少，看起来并不存在问题。

6.3.2 数率误导：要避开哪些雷区

问题场景

1
图形容易不客观，容易出问题，看来我还是要多用表格，少用图形。

2
图形有图形的作用，表格有表格的作用，不能完全否定两者中的任何一种数据呈现形式。

3
用表格呈现数据的时候比较容易出什么问题呢？

4
最常见的问题是只看数量，或者只看比率。

5
那用表格呈现数据时，是不是数量和比率都应该包含呢？

6
是的，表格中的数据最好既有数量值，又有比率值，这样便于做比较全面的分析，不容易出问题。

问题拆解

　　相对于图形来说，表格里的数字虽然是客观的，但如果对数字本身处理不当的话，同样会给分析带来误导，从而可能得出错误的结论。常见的数字应用错误包括数量误导和比率误导。单纯从数量上看起来有问题的数字，从比率上看可能没问题，反之亦然。

方法与工具

工具介绍

数率误导

数率误导可以拆分成数量误导和比率误导。

数量误导指过分看重数据的数量值，忽略比率值而引发的误导。比率误导指过分看重数据的比率值，忽略数量值而引发的误导。

数据分析通常不可以只看数量，忽略比率，同样，也不可以只看比率，忽略数量。

案例：数率误导

某公司第3季度市场形势良好，销售订单猛增，大规模补充劳动力。然而该公司发现离职人数比以往有所增加，如果只看离职人数，可能会认为这是个问题，但看了离职率之后，发现虽然离职人数增加，但离职率在降低。

季度	离职人数	月末在职人数	离职率	员工实发月平均工资（元）
第1季度	132	3 154	4.02%	3 250
第2季度	131	3 147	4.00%	3 250
第3季度	165	3 969	3.99%	4 160

某公司分析各部门发生工伤的比率时，发现C部门上年度新入职员工发生工伤的比率达到50%，但C部门上年度新入职员工人数仅为2人，发生工伤的人数为1人。如果只看比率，C部门工伤问题似乎很严重，但看数量后发现并不严重。

部门	部门人数	上年度新入职员工人数	上年度新入职员工发生工伤人数	上年度新入职员工发生工伤比率
A	200	20	1	5%
B	100	30	1	3%
C	50	2	1	50%
D	500	40	4	10%

6.3.3 均值错误：常见的数据误差

问题场景

1
我看这几年市场上有种产品价格的平均值比较稳定。

2
只看平均值可不行，平均值很容易把真实情况"平均化"了，从而掩盖问题。

3
什么意思？

4
比如把一个乞丐和一个拥有万亿资产的富豪放在一起平均后，乞丐也成了富豪。

5
那平均值就没有意义吗？

6
不能说平均值没意义，平均值很多时候不能代表现状，只能作为参考，要理性来用。

问题拆解

　　平均值代表一种多数据的集中趋势，不能代表数据内部的极值，不能表示数据的离散情况，不能看出数据的发展趋势，不一定是对数据现状的客观反映。一般来说，数据样本数量越多，平均值越趋于稳定。但这不代表平均值没有用，而是应当理性应用。

方法与工具

工具介绍

均值错误

　　均值错误指通过计算平均值而忽略了数据内部差异带来的错误。平均值是人们判断问题的参考，但只能作为一种相对参考，不能当作绝对依据。当数据样本内的值差距较大时，只拿平均值说明问题很可能会造成误判，原本有问题也可能变成了没问题。

案例：均值错误

　　某公司近期基层员工出现离职潮，基层员工离职率大幅增加。该公司全体员工月平均工资6 000元，经过薪酬调研后发现，该公司全体员工的平均工资高于当地同行业基层员工薪酬水平的90分位值（见下表）。所以得出结论，该公司员工离职潮并非薪酬原因。

分位值	月工资（元）
90分位值	5 000
75分位值	4 000
50分位值	3 000

　　事实却并非如此，把该公司人员类别按高层管理者、中层管理者、基层管理者和基层员工划分为4类，根据这4类人群的工资和人数计算平均月工资，得出的结果如下表所示。从下表数据能看出，这家公司基层员工平均月工资和中层、高层管理者的平均月工资差距较大，和当地同行业基层员工的薪酬水平相比较低，没有达到当地同行业基层员工薪酬水平的50分位值，但"被平均"后，月平均工资一下子"增加"了。

职级	人数	平均月工资（元）
高层管理者	50	60 000
中层管理者	200	30 000
基层管理者	380	14 000
基层员工	3 011	2 500
合计	3 641	6 000

07

晋升发展：通过——
汇报成为职场精英

本章背景

1 现在我已经知道该怎么做好汇报了，以后再向上级汇报也知道方法了。

2 要做好汇报，除了"术"层面的事之外，还要做好"道"层面的事。

3 "道"层面的事指的是什么？

4 就是自身条件要够硬，要足够优秀，要得到上级的赏识，这样更有助于汇报。

5 怎么样才能脱颖而出呢？

6 用好汇报就是一种方法，通过汇报，能让你更容易脱颖而出。脱颖而出后又有利于你做好汇报，这是个正向增益飞轮。

背景介绍

汇报的本质是一种针对工作的沟通。善于向上级做汇报，能够促进上级和下级就工作问题展开讨论，让上级了解下级的能力，认可下级的思路，发现下级的优点，对下级产生正面评价，助力下级成为职场精英。

7.1　如何成为核心人才

　　团队是由人组成的，但人与人的价值是不同的，有的人对团队来说更重要，有的人相较之下没那么重要。对团队重要的人在团队中是核心人才，成为核心人才，必然会得到更好的资源、更好的发展和更多的机会。

7.1.1 选准定位：成为团队最需要的人

问题场景

1. 我有时候觉得自己在团队里没有存在感。

2. 你为什么会这么认为呢?

3. 因为上级经常对我爱搭不理，对有的同事却比较热情。

4. 你觉得上级为什么对那些同事表现出热情呢?

5. 也许是因为那些同事对团队来说比较重要吧。

6. 所以你也要努力成为被团队需要的人才。

问题拆解

　　在一个团队中，每个人的贡献是不同的。上级必然会对比较重要的人才表现出更多的关心，更愿意把自己的时间用在重要人才身上。要在团队中获得好的发展，首先要让自己成为被团队需要的人。

方法与工具

工具介绍

团队所需人才的三大特质

团队所需人才需要在 3 个特质上展现出不凡，分别是态度、能力和绩效。

态度指的是员工在主观上愿不愿意把工作做好。

能力指的是员工有没有能力把工作做好或对于做好工作的可能性有多大。

绩效指的是员工实际上有没有达成岗位要求的工作目标。

团队所需人才的三大特质

包括工作的积极性、主观能动性、主观意愿，即对自身岗位的工作抱有大多的热情，为了把自己的工作做好，愿意付出多大的努力。

包括个人的素质、知识水平、技能水平、工作的经验或熟练程度，即员工把工作做好的概率有多大。

态度

能力

绩效

在工作岗位上实际展现出来的成果，就是员工有没有达到团队的要求，有没有切实把工作做好。

7.1.2 左膀右臂：成为上级的得力助手

问题场景

1 有些重要的工作很锻炼人，能学不少东西，我很想做，可上级总是安排给别人。

2 为什么呢？是上级觉得你胜任不了那个工作吗？

3 也许吧，但我觉得更多是上级和我的关系不亲近，把重要工作交给我做不放心。

4 如果你能成为上级的得力助手，上级必然会更愿意把那些重要的工作交给你做。

5 可我要如何成为上级的得力助手呢？

6 要成为上级的得力助手，要做好4个关键，分别是稳定忠诚、能解决问题、能够掌控大局、懂得表达成果。

问题拆解

团队中有些重要工作只有在成为上级的左膀右臂后，上级才愿意把这类工作放心地交给下级。这类工作不仅重要，而且常常比较锻炼人，对下级的成长很有好处。所以，下级要学着成为上级的得力助手，否则就会与这类工作失之交臂。

方法与工具

工具介绍

成为上级得力助手的 4 个关键

人与人之间建立信任关系不是一蹴而就的，需要一段时间的相处磨合，需要时间的积累。相处磨合的过程是有技巧的，要成为上级的得力助手，要做好 4 个关键，分别是稳定忠诚、解决问题、能够掌控和表达成果。

成为上级得力助手的 4 个关键

每个岗位都面临着各式各样的问题，上级所在的岗位也不例外。上级需要能帮助自己出谋划策、解决问题的下属。善于解决问题的下属，必然会受到上级青睐。

上级希望自己有掌控感，希望下属受控。这里的受控不代表下属要变成一个没有思想、对上级言听计从的人，而是要懂得配合上级的工作，要有比较强的执行力。

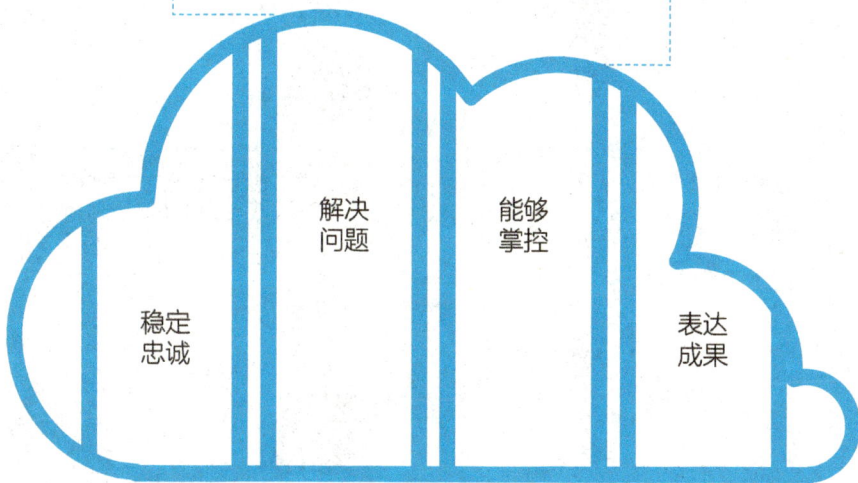

解决问题

能够掌控

稳定忠诚

表达成果

每个上级都喜欢稳定忠诚的下属，如果下属没有稳定性，缺乏忠诚度，想法天马行空，上级就不愿和下属交心，不愿耗费资源培养和帮助这样的下属。

下属做出的成绩上级不一定全部看得到，所以要通过工作汇报表达自己的工作成果。这里要注意，表达成果不等于邀功，过犹不及，要适度表达，不能总把功劳挂在嘴上。

7.1.3 团队核心：让自己变得不可或缺

问题场景

1　有时候，我会觉得自己在团队里可有可无。

2　这是因为团队少了你一样能很好地运转，所以就显得你没那么重要。

3　我以前听过一个说法，说团队少了谁都能照常运转。

4　这个可真不一定，核心人才在与不在，直接决定了团队很多事能不能做。

5　这么说起来似乎确实是这样，以前有个核心人才离职了，我们部门有项重要工作直接停了。

6　你要试着让自己也变成团队的核心人才，让自己变得不可或缺。

问题拆解

　　地球少了谁都可以正常运转，但公司却不一样。团队离不开能做成关键事项的核心人才。有些事，必须要有具备一定能力的人才能正常运转。要让自己变得不可或缺，就要想办法获得团队需要的稀有能力。

方法与工具

工具介绍

职场中的3类人

稻盛和夫在《干法》中说，物质可以分成自燃型、可燃型和不燃型。人也可以分成自燃型、可燃型和不燃型。

自燃型的人总是积极乐观，不需要外部激励就能自主采取行动。

可燃型的人在外部提供资源、提供帮助、实施激励后，也愿意采取行动。

不燃型的人生性被动，不论外界如何激励、帮助他，也不愿行动。

职场中的优秀员工，往往都是自燃型的人。

自燃型、可燃型和不燃型的人并不是一成不变的，通过刻意练习，可以让自己逐渐变成自燃型的人。

成为自燃型人才的4项修炼

养成制定目标的习惯，给自己树立明确的目标，某个目标达成后，再制定另一个目标。

对自己严格要求，要自律。自律并不是在主观意识上苦苦坚持，而是要养成好的做事习惯。

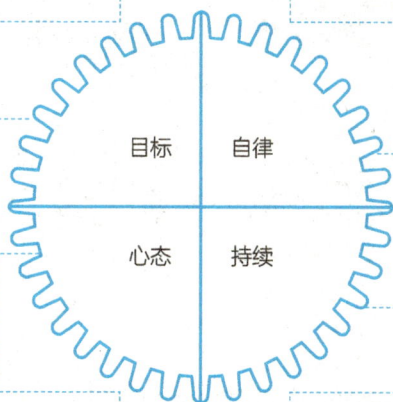

目标　自律

心态　持续

要调整心态，相信事情总会变得好起来，相信经过个人努力，会让生活越来越好。

要有持续性，有恒心，要持续按照正确的方式做事，不能三天打鱼两天晒网。

应用解析

核心员工的四大特质

如果人人都能做，又怎能显出核心员工？核心员工具备别人不具备的独一无二的能力，正是这种能力，造就了核心员工的与众不同。

核心员工具备自我驱动力，自主意识强，具备由内而外的动力，往往不需要外部力量就能实现自我管理。

1 **独特能力**

内生动力 2

3 **不断创新**

创造价值 4

再强大的不可或缺也只是一时的，如果没有不断学习和创新的意愿，很容易"坐吃山空"，甚至会快速被别人超越。

能力只代表创造价值的可能性，实际有没有创造价值，还要看结果。只有能力是不够的，还要有创造价值的结果。

小贴士

每个聪明的管理者都会把团队最多的资源向核心员工倾斜，所以核心员工一定拥有比普通员工更高的薪酬，更大的发展机会，更快的晋升速度和更多的学习资源。想办法让自己成为核心员工，是职业成长的有效途径。

7.2   如何得到上级赏识

仅靠听话就能得到上级的赏识吗？在商业环境飞速变化的今天，仅听话是远远不够的。要得到上级的赏识，就要具备表征自身工作成果的能力，萃取优秀经验的能力和让优秀模式无限复制的能力。

7.2.1　成果法则：价值能够被明确表征

问题场景

1 我感觉自己做了很多努力，做出过很多成绩，可上级就是看不到。

2 你不能期望上级自己看到，你要通过汇报把成绩表达出来。

3 我的工作很繁杂，但我确实很努力，可就是很难说清楚自己做出了什么成绩，以及我努力和成绩之间的关系。

4 你可以试试用OKR工作法的逻辑表征自己的目标和成果。

5 OKR？这不是一种绩效管理方法吗？这应该是上级比较关心的东西吧？

6 OKR是一种绩效管理工具，OKR工作法是运用OKR的原理，针对员工个人成长的工作方法。

问题拆解

　　上级平时关注的工作很多，不要期望上级能发现每个员工的努力和成绩。下级要学会自己表征自己的成绩。如果成绩难以被量化表征，可以运用 OKR 工作法，把自己的努力行动与目标联系在一起，打包向上级展示。OKR 工作法不仅是一种绩效管理工具，也是一种个人工作方法。

方法与工具

工具介绍

OKR 工作法

应用 OKR 工作法时，可以把自己的工作分成 O（Cbjective，目标）、KR（Key Result 关键结果）和 T（Task，任务）3 个部分。每个 O（目标）都对应着 KR（关键结果），每个 KR 都对应着不同的 T（任务）。当 T 完成的时候，KR 也相应能够完成。当所有 KR 全部完成的时候，对应的 O 也应当能够全部完成。

在工作汇报表征工作成果时，可以按照 OKR 工作法的逻辑，分别说清楚自己的 O（目标）、KRs（关键结果）和 T（任务）。

OKR 工作法的示意图

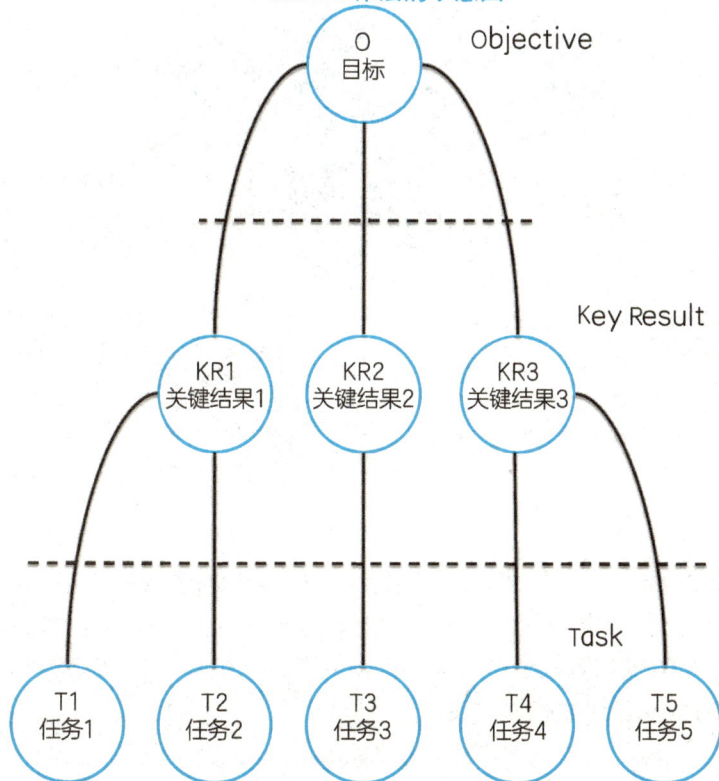

应用解析

运用 OKR 工作法的四大好处

OKR能够抓住工作的重点，所有与岗位相关的O（目标）都有相应的KR（关键结果）。被正确定义的KRs能够对O形成比较直接的支持作用。

OKR可以时刻提醒人们主要目标（O）、关键成果（KR）与对应任务（T）是什么，时刻提醒人们在日常工作中应当关注什么，应当做什么，应当如何做，应当做到什么程度。

表明工作逻辑

记录工作成果

提醒工作方向

优化团队氛围

OKR能够记录之前的工作成果，努力和贡献能够被追溯。OKR关注工作的成果，关注工作产出。用OKR记录和表达工作成果，比单纯用分数或等级来表达绩效水平更清晰，也更有价值。

OKR能优化团队氛围。OKR的执行过程需要上级和下级持续沟通。不论是制定目标、关键成果和任务的环节，还是OKR的评估环节，都需要沟通。沟通是OKR的主旋律，也是管理的主旋律。

小贴士

OKR 通过自上而下的目标分解和自下而上的目标保障，最终保证实现公司的目标。在 OKR 中，目标设计的顺序是自上而下的，目标达成的方向是自下而上的。OKR 目标设计的过程强调上级和下级的沟通。下级的目标应当在与上级充分沟通的情况下完成设计。

7.2.2 经验萃取：将最佳实践无限扩散

问题场景

1 有些事我总做得没有别人好，没什么成绩，也不好意思向上级汇报。

2 应该是你没找到做事的窍门。

4 你可以研究一下最佳实践，从最佳实践中萃取经验，找到方法，形成工具，然后用到自己身上。

3 怎么找窍门呢？

5 什么叫最佳实践？什么叫萃取经验？

6 最佳实践就是那些成功案例，萃取经验就是找到那些成功案例哪里做得好。

问题拆解

当工作不得法时，不要着急，只要找到方法，工作中很多成功是可以复制的。研究那些成功案例如何把事情做好，把其中的经验萃取出来，形成适合自己的方法论或工具，能有效指导自己做好工作。

方法与工具

工具介绍

经验萃取与传承

经验不是工作时间长短。现实中很多工作了 30 年的人不见得有建树。为什么？因为很多工作 30 年的人只是把一套行为重复了 30 年，这不叫有 30 年经验，只是工作了 30 年而已。

经验说到底是一种能力，是一种异常管理能力。经验是人们在经历一个个关键事件后，对这些关键事件的处理方法和得出的结论。经验可以被学习和获取，只要把这些关键经验事件一件件提取总结出来，最终都能归结为一种异常事件知识或异常处理能力。

经验萃取与传承可以分成 5 个步骤，分别是情况分析、最佳实践、经验萃取、形成工具、达成目标。

经验萃取与传承的 5 个步骤

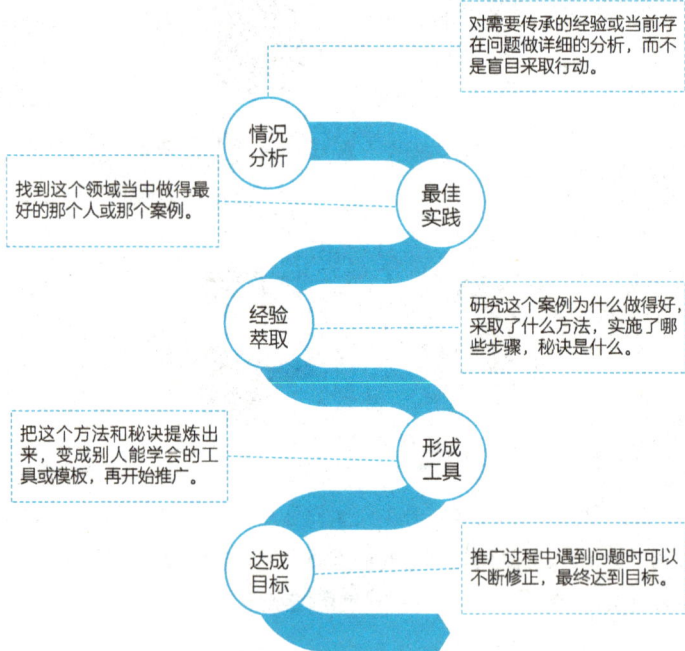

- 情况分析：对需要传承的经验或当前存在问题做详细的分析，而不是盲目采取行动。
- 最佳实践：找到这个领域当中做得最好的那个人或那个案例。
- 经验萃取：研究这个案例为什么做得好，采取了什么方法，实施了哪些步骤，秘诀是什么。
- 形成工具：把这个方法和秘诀提炼出来，变成别人能学会的工具或模板，再开始推广。
- 达成目标：推广过程中遇到问题时可以不断修正，最终达到目标。

应用解析

案例：出租车司机的经验来自哪里

假如有一条没有尽头的路和一辆可以永远开的车，整条路上没其他车辆，也没行人，不需转向，不需变道，不需躲闪，不需避让，不需刹车，一位出租车司机开了30年，这代表司机有了30年驾驶经验吗？当然不是。

什么情况下，出租车司机才真的有了经验？除了正常驾驶，还能应对更多异常状况。例如正常转弯时，忽然冒出一辆闯红灯的电动车，才知道需要时时提防；在接到喝醉酒在车上一睡不醒的乘客时，才知道可以请网约车平台帮助；在开快车变道差点出事故时，才知道开车不能着急。正是一次次应对异常，让出租车司机有了经验。经验，就是对这些异常状况的预防、控制和管理能力。

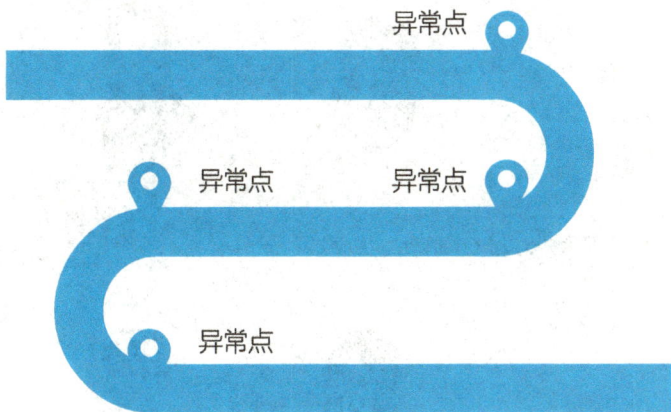

异常点

异常点　　异常点

异常点

小贴士

当有机会听成功人士讲成功经验时，最有价值的信息是什么？不是逆袭式成功故事本身，而是这个人成功过程中都遇到过哪些挫折和困难，迎接了哪些机遇和挑战，当时是如何思考、如何抉择、如何应对的。假如这位成功人士讲的内容中没有这些有价值的经验，那么即使这个人再成功，对听众来说也只是听了个故事。只知其然，不知其所以然。

7.2.3 模式复制：让优秀可以扩展传承

问题场景

1 其实我也有一些做得好的工作，我也可以总结自己的优秀经验，分享给团队吧？

2 没错！如果你那样做，一定会得到上级的赏识，因为你在帮上级做团队的知识管理。

3 是吗？那可太好啦！知识管理是指什么呢？

4 员工离职通常会带走知识，但如果做好知识管理，员工在职时的优秀经验都能够被留下来。

5 那我如何更进一步帮助上级做好知识管理呢？

6 你可以形成自己岗位的知识仓库，平时做好积累，定期向上级汇报知识仓库的建设情况。

问题拆解

定期总结本岗位的优秀经验，不仅是获得上级赏识的方法，也是个人晋升发展的途径。当一个人能把自己的优秀经验总结出来，标准化、模块化，并能传承给别人时，说明这个人具备成为管理者的潜质。构建知识仓库，就是一种知识管理的有效方法。

方法与工具

工具介绍

知识仓库

知识仓库是对工作中有价值信息的总结。知识仓库可以包括经验总结、讨论成果或关键工作的备忘与复盘等。

知识仓库中应当包含大量影响员工能力或绩效相关的重要信息。所有在团队日常运营中产生的有助于团队的工作流程、做事方法、管理思路的雏形或资料都可以存于知识仓库。

知识仓库中存放信息资料的 8 种类别

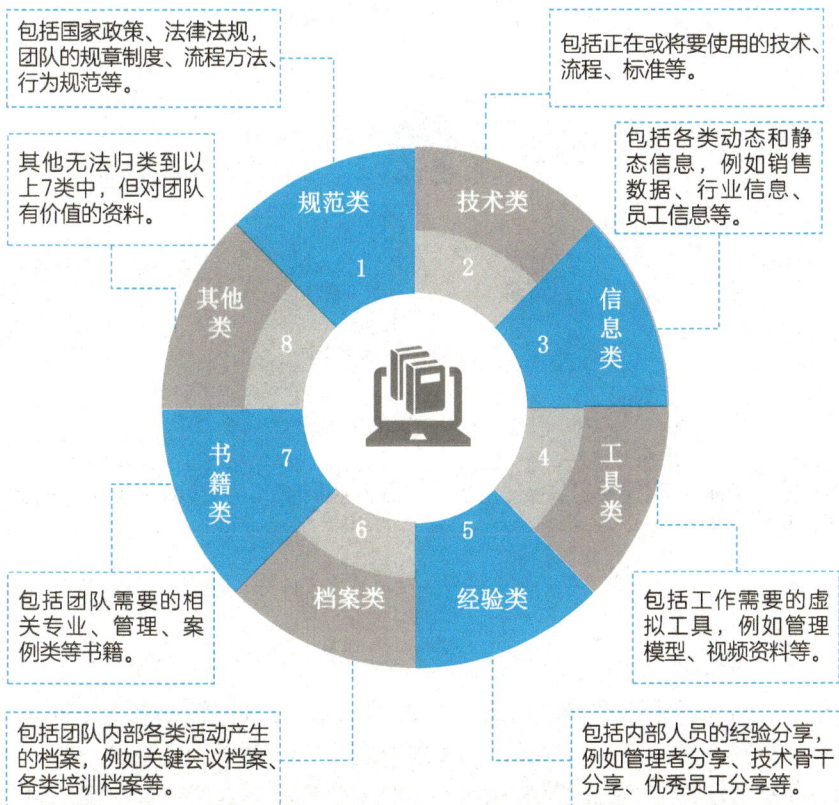

包括国家政策、法律法规，团队的规章制度、流程方法、行为规范等。

包括正在或将要使用的技术、流程、标准等。

其他无法归类到以上7类中，但对团队有价值的资料。

包括各类动态和静态信息，例如销售数据、行业信息、员工信息等。

规范类 1

技术类 2

其他类 8

信息类 3

书籍类 7

工具类 4

档案类 6

经验类 5

包括团队需要的相关专业、管理、案例类等书籍。

包括工作需要的虚拟工具，例如管理模型、视频资料等。

包括团队内部各类活动产生的档案，例如关键会议档案、各类培训档案等。

包括内部人员的经验分享，例如管理者分享、技术骨干分享、优秀员工分享等。

应用解析

知识仓库资料的 4 类获取途径

日常战略研讨会、办公会、经营分析会、工作协调会等会议中形成的对团队经营管理相关事项的讨论、想法、决议等。

学习培训过程中形成的大量有价值的信息，例如经由培训、咨询、座谈、研讨参观等机会形成的信息。

日常会议

学习培训

书籍网络

关键事件

通过书籍、搜索引擎、网络文库、行业网站、自媒体等可以收集到许多对团队有价值的信息。

团队工作中发生的某类特殊事件，围绕这些事件可能会形成一系列有价值的信息。

小贴士

知识仓库一定要定期检查更新，没有更新的知识将渐渐失效。知识仓库存放最关键的知识有 3 种类别："某工作需要用到哪些基础知识"（理论知识）；"如何做好某工作"（技能方法论）；"做某工作时要注意什么"（经验总结）。

7.3   如何成为合格干部

如今的职场，早已不是靠熬年头就能成为干部的。每个公司对干部人选都有自己的要求，这些要求大同小异。要快速被提拔，要成为合格的干部，就要了解干部的要求，培养自己干部需要的能力，通过正确有效的竞聘方式让自己获得干部岗位。

7.3.1　干部素养：这样做更容易被提拔

问题场景

1 为什么有的员工晋升发展很快，但我工作很多年却没有被提拔呢？仅仅是因为我不会汇报吗？

2 善于汇报是加分项，除了汇报之外，自身的能力素质和平时的表现也很关键。

3 我觉得自己的工作能力在团队中已经很强了，上级为什么不提拔我呢？

4 有潜力的人往往更容易被提拔，除了工作能力外，你还要具备高潜力。

5 什么样的人属于高潜力人才呢？

6 高潜力人才有5个特质，分别是元认知、高情商、沟通能力、逻辑思维和多元思维。

问题拆解

工作的态度、能力、绩效代表着一个人是否优秀，但不代表态度、能力和绩效都比较高的人就能够获得提拔。获得提拔的人才一般应是团队中的高潜力人才，这类人才是团队的潜力股，提拔成管理者后更有可能为团队创造价值。

方法与工具

工具介绍

高潜力人才特质

所谓高潜力人才，是指那些具备较高培养潜质的人才。这类人才更容易也更应当被选拔为管理者。高潜力人才具备一定的共性，常见的共性有5个，分别是元认知、高情商、沟通能力、逻辑思维和多元思维。

高潜力人才的五大通用特质

是个体对自己认知加工过程的自我觉察、自我反省、自我评价与自我调节。

表现为有自知之明，善于控制自己的情绪，追求成就感，对工作充满激情，善于社交。

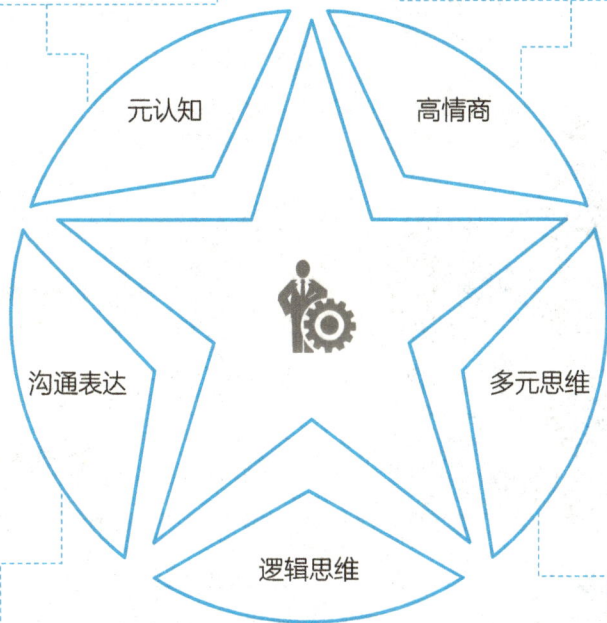

元认知

高情商

沟通表达

多元思维

逻辑思维

用简洁的语言，懂得换位思考，能够从对方的角度分析和评价自己的表达。

认识事物过程中借助于概念、判断和推理等思维形式，能够对客观现实产生理性认识。

不固执，对不了解的领域谨慎发表观点；能容纳不同观点，甚至完全相反的观点；不执迷不悟或固执己见。

应用解析

举例：阿里巴巴选拔干部的三大要求

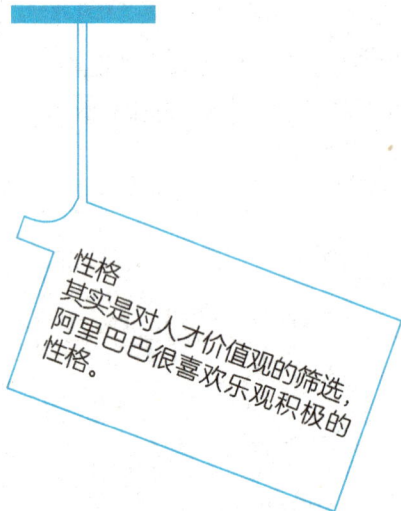

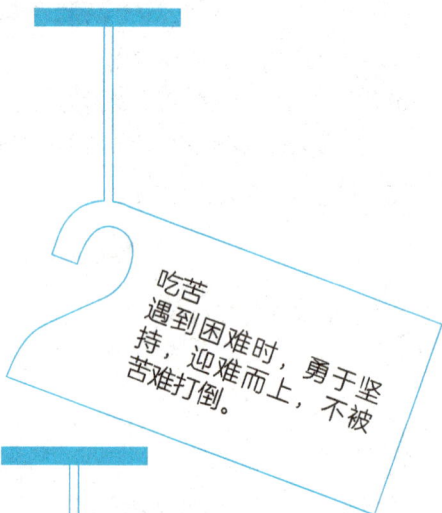

性格
其实是对人才价值观的筛选，阿里巴巴很喜欢乐观积极的性格。

吃苦
遇到困难时，勇于坚持，迎难而上，不被苦难打倒。

梦想
工作经历固然重要，但人才希望获得什么更重要。

小贴士

阿里巴巴对外招聘干部时，会有老员工担任"闻味官"负责面试把关。"闻味官"专门负责"闻味道"，判断候选人和阿里巴巴是否"味道相同"。每个公司都有自己的"味道"，阿里巴巴希望闻味官"闻候选人的味道"，确保候选人与阿里巴巴的追求和价值观一致。

7.3.2 能力考察：管理者四大核心能力

问题场景

1 具备成为管理者的潜质，就能被提拔吗？

2 当然不是，每个公司对管理者都是有能力要求的，除了具备潜质，你还要有能力。

3 你的意思是我没有能力吗？我的业务能力很强啊！

4 不是业务能力，是成为管理者需要的能力。职场对管理者的能力要求更高，也更均衡。

5 懂业务不就好了吗？除了业务能力之外，管理者还有什么能力要求呢？

6 懂业务是基本的，除了业务方面的能力之外，管理者还要具备带团队的能力，也就是和人打交道的能力。

问题拆解

业务能力的强弱只代表自己有没有能力把工作做好，管理者是要带团队的，是要管理别人的，不仅要保证自己能把工作做好，还要保证能带领团队把工作做好。所以管理者的能力要求不仅是业务方面，还包括对人的管理方面。

方法与工具

工具介绍

管理者的通用要求

阿里巴巴对干部的要求值得学习。在阿里巴巴有句话，叫"团队 leader（负责人）要既当爹，又当妈；要上得厅堂，下得厨房"。"当爹"指要做好业务，"当妈"指要带好团队；"上得厅堂"指要关注长期利益，"下得厨房"指要抓住短期利益。

阿里巴巴公司干部通用要求

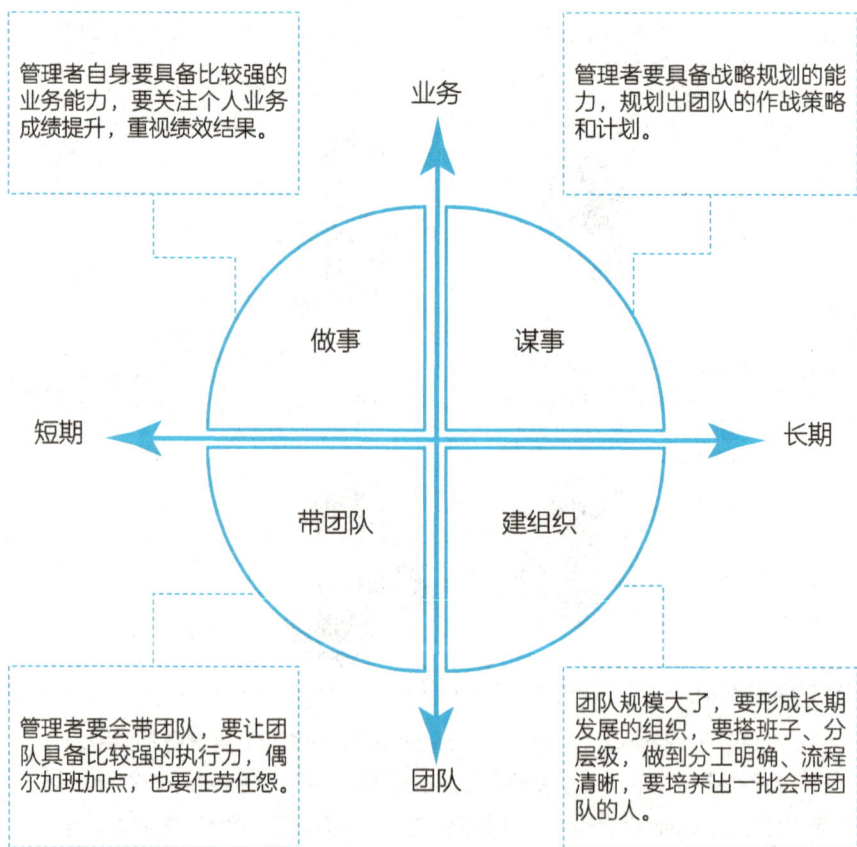

管理者自身要具备比较强的业务能力，要关注个人业务成绩提升，重视绩效结果。

管理者要具备战略规划的能力，规划出团队的作战策略和计划。

业务

做事　　谋事

短期　　　　　　　　　长期

带团队　　建组织

团队

管理者要会带团队，要让团队具备比较强的执行力，偶尔加班加点，也要任劳任怨。

团队规模大了，要形成长期发展的组织，要搭班子、分层级，做到分工明确、流程清晰，要培养出一批会带团队的人。

应用解析

阿里巴巴团队管理者必须要做好的 4 点工作

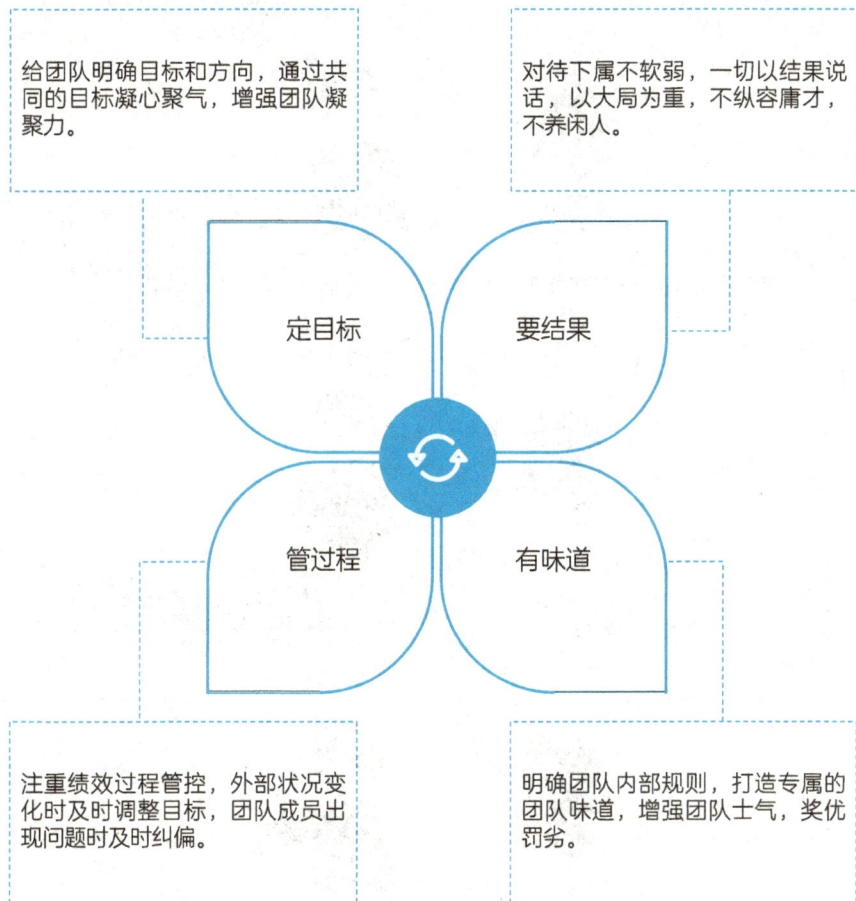

给团队明确目标和方向，通过共同的目标凝心聚气，增强团队凝聚力。

对待下属不软弱，一切以结果说话，以大局为重，不纵容庸才，不养闲人。

定目标

要结果

管过程

有味道

注重绩效过程管控，外部状况变化时及时调整目标，团队成员出现问题时及时纠偏。

明确团队内部规则，打造专属的团队味道，增强团队士气，奖优罚劣。

小贴士

当管理者能够做好业务、带好团队、关注长期利益、抓住短期利益时，整个团队就会呈现出上层管理者不断强调顶层目标，中基层管理者承接顶层目标设置承上启下的绩效指标，并不断调整变化，员工做好自己的目标并予以执行。

7.3.3　竞聘汇报：恰到好处地获得职位

问题场景

1 我参加过几次竞聘汇报，都以失败告终，看来我不适合做管理者。

2 别灰心，说不定是技巧问题。当你具备前面说的潜力和能力后，再掌握竞聘汇报的技巧，应该就能竞聘成功。

3 竞聘汇报有什么不一样的技巧吗？不就是介绍一下自己的工作成绩吗？我都介绍了啊。

4 介绍成绩只是一方面，另一方面，你要介绍跟别人比，你的优势在哪里，你要说明为什么你比别人更适合那个岗位。

5 这样不会显得攻击性太强吗？

6 竞聘的本质本来就是竞争，就是比较。公司会择优录取，我们当然要多展示自己比别人优秀的一面。

问题拆解

　　既然是竞聘，就必然存在竞争和比较，简单罗列自己的成绩并不是最佳策略。只有在对比之下比对手好，才能获得岗位。所以竞聘的关键是要说明自己和别人对比优势在哪里，而不是只说自己做出过哪些成绩。

方法与工具

工具介绍

竞聘汇报

竞聘汇报是为了获得某岗位，在竞争上岗的背景下实施的汇报。竞聘汇报的流程可以分成5步。

第1步，说明自己为什么要参与这次竞聘。

第2步，介绍自己是谁，介绍自己曾经的工作经历和成绩。

第3步，介绍与别人相比，自己从事该岗位存在的优势。

第4步，介绍自己上岗后的工作计划，计划要有可行性。

第5步，表明自己能够做好某岗位工作的决心。

竞聘汇报的5步流程

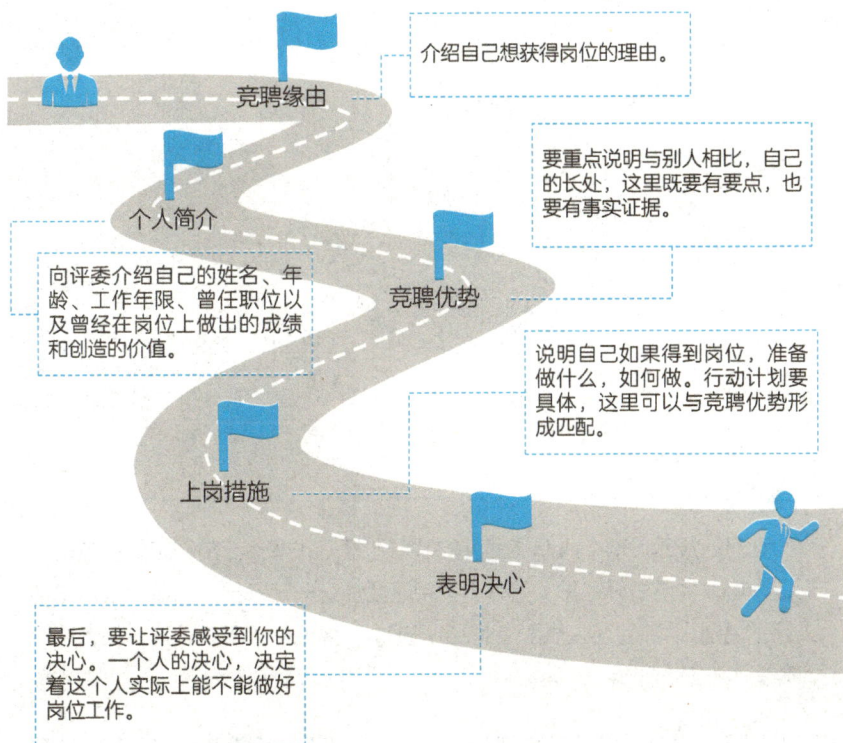

竞聘缘由 — 介绍自己想获得岗位的理由。

个人简介 — 向评委介绍自己的姓名、年龄、工作年限、曾任职位以及曾经在岗位上做出的成绩和创造的价值。

竞聘优势 — 要重点说明与别人相比，自己的长处，这里既要有要点，也要有事实证据。

上岗措施 — 说明自己如果得到岗位，准备做什么，如何做。行动计划要具体，这里可以与竞聘优势形成匹配。

表明决心 — 最后，要让评委感受到你的决心。一个人的决心，决定着这个人实际上能不能做好岗位工作。

应用解析

竞聘汇报的 4 项准备

提前了解竞聘的评委都有谁，这些人的工作背景如何，有什么样的偏好。

了解之前的竞聘活动有什么样的流程，评委都问了哪些问题，有哪些值得注意的关键点。

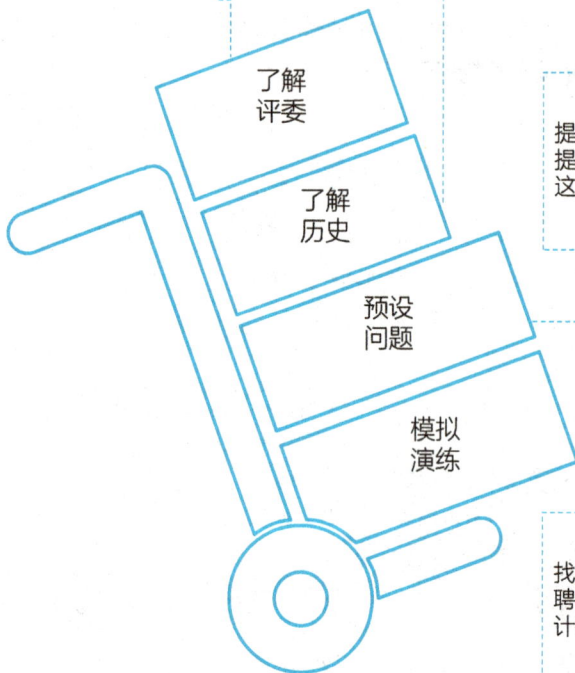

了解
评委

了解
历史

提前准备评委可能会问的问题，提前准备这些问题的表达方式，这里的问题可以尽量全面。

预设
问题

模拟
演练

找身边人充当评委，模拟整个竞聘过程至少3次。模拟时应多设计各类突发状况，训练应变能力。

小贴士

　　竞聘汇报是影响个人职业发展的重要汇报，正式参与前一定要提前设计汇报内容，提前做好彩排。另外，竞聘时要注意一定不要为了显示自己比别人好，说别人坏话。自己好，就说自己好，不要说别人不好，这样很容易给评委留下不好的印象。

08

疑难问题：妥善——应对各类难题状况

💎 **本章背景**

1 前面向您系统学习了很多向上管理和汇报工作的方法，真是受益匪浅。

2 你觉得有效，能落地，能用上，是最重要的。

3 肯定用得上，都很实用。不过我还有些疑难问题，想向您请教。

4 好的，有问题尽管提。

5 先不说具体的问题，遇到沟通或汇报上的难题，有没有比较通用的解决办法呢？

6 可以重点把握3点，即汇报的时间、内容和方式。

背景介绍

　　在向上管理和汇报过程中，难免遇到各类疑难问题。应对这些疑难问题既有不同的独特方法，也有相对通用的方法。在通用方法中，比较重要的有3点，包括掌握汇报的时机、上级感兴趣的内容和适合汇报的方式。

8.1   如何汇报坏消息

问题场景

1 我最头疼的事就是向上级汇报坏消息。有没有什么方法可以让我不用向上级汇报坏消息呢？

2 明知道有坏消息不汇报肯定是不行的。你不想汇报坏消息，是因为担心上级因此不高兴吗？

3 对，之前有过几次，汇报坏消息后上级很生气。尤其是在上级心情不好的时候汇报，他更是大发雷霆。

4 那你得学着找上级心情好的时候，用正确的方式汇报。如果明知道有坏消息不汇报，上级会更生气。

5 我是不是可以在汇报坏消息之前先汇报几个好消息，先创造一个轻松的氛围？

6 确实可以，不过也分情况。一些比较紧急、需要上级做出指示的坏消息还是先说比较好。要注意别让上级察觉到你在刻意隐瞒坏消息。

问题拆解

出现坏消息是在所难免的，不要因为不愿面对上级的负面情绪而试图隐瞒或掩盖坏消息，这样可能会让问题变得更糟，刺激上级产生更严重的负面情绪。有坏消息应当汇报，但汇报时要注意把握时机，注意方式方法。

🔑 方法与工具

工具介绍

汇报坏消息的 4 个关键

汇报坏消息有 4 个关键，一是要选择汇报坏消息的时机；二是要设计坏消息的表述方式；三是要分析坏消息为什么会产生，预测坏消息的发展变化；四是要找到坏消息的解决方案和预防坏消息再次发生的方法，带着方案汇报。

汇报坏消息的 4 个关键

在上级心情好、思维比较清晰的时候汇报坏消息，一般是在上午刚上班时，最好第一个找上级汇报。这是为了让上级对坏消息有清醒的判断和理性的决策。

坏消息也可以有积极的表述，例如"损失了5%的市场份额"，可以表述为"市场份额向下变化了5%"，或"当前市场份额是20%，希望提升回原来的25%"。

时机　表述

分析　方案

不要只说坏消息表现出来的问题，要把坏消息产生的原因、来龙去脉和未来的预测发展分析清楚。有问题不可怕，可怕的是不知道问题为什么发生以及对问题没有清醒的认识。

不能只说问题，不说方案。有了问题之后，上级最关心的是如何解决问题。解决方案中不仅要有应对问题的办法，还要有预防问题再次发生的方法。

应用解析

汇报坏消息的 4 个注意事项

如果同一时间有多个坏消息，不要因为担心上级有负面情绪而不全部汇报，这样反而会让上级在知道后产生更严重的负面情绪。

汇报坏消息时，要注意和上级站在同一立场，一起去应对坏消息，而不能自己站在坏消息的角度，去对抗上级。

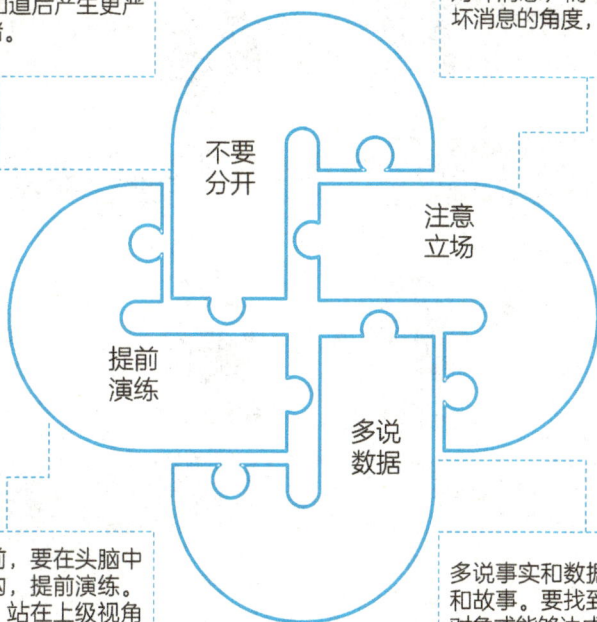

不要分开

注意立场

提前演练

多说数据

汇报坏消息前，要在头脑中想好汇报结构，提前演练。要换位思考，站在上级视角看表述是否啰唆，是否能快速获得信息，是否容易引发上级负面情绪等。

多说事实和数据，少说感受和故事。要找到能够对标的对象或能够达成的目标方向，通过数据上的差异，找到机会点。

小贴士

　　好消息和坏消息是相对的，某维度下的坏消息，可能在另一个维度上是好消息。例如某公司销售业绩下滑 5%。单独看，这是个坏消息。但假如是经济环境造成整个行业的业绩下降，对标公司业绩下滑普遍在 10% 以上，那业绩下滑 5% 相对来说还算是好消息。

8.2 如何向高层领导汇报

问题场景

1 有时候，高层领导想了解基层工作或年终述职的时候，会直接找我向其汇报，我很紧张。

2 你只是不习惯和高层对话吧？

3 确实不习惯，高层领导一年见不了几次，平时也不沟通，不知道其脾气秉性，不知道该汇报什么。

4 你首先要调整心态，别害怕。站在高层关注的角度，不卑不亢地汇报即可。

5 高层都关注什么呢？我是不是应该趁机展示自己或者说一下平时不敢说的话呢？

6 高层关注价值结果，围绕价值和意义汇报就不会错。千万不要邀功或说些与汇报无关的话，这样会显得你很不专业。

问题拆解

　　高层汇报是越过自己的上级向更高层的领导汇报。向高层汇报时应不卑不亢，没必要因为自己职位低而显得卑微，也无须为了展示自己而显得很亢奋，更不要为了讨好高层而过度谄媚。以平常心来看待高层汇报，更容易让自己发挥出正常的表达能力。与向上级汇报的方式不同，向高层汇报有自身的特点侧重和注意事项。

方法与工具

工具介绍

向高层汇报的 4 个关键

向高层汇报时，要注意 4 个关键，一是要交代清楚汇报工作的价值和意义，引发高层的兴趣，引起高层的重视；二是要用事实和数据汇报，不要说感觉，展示自己的专业性；三是不必说过多行为细节，但要说清楚做事的方法；四是要先说结论，把结论作为重点，其他内容为证明结论服务。

高层汇报的 4 个关键

向高层汇报时，要先说明汇报工作的意义。意义代表着对公司的价值，决定了高层领导会投入多大的注意力听汇报。

高层比较关注数据，向高层汇报时应尽量展示事实和数据。这样做不仅能引起高层领导的重视，而且能展现自己的专业性。

意义

数据

方法

结论

方法对了，才有可能把事情做成。高层领导不一定关注具体的行动细节，但通常会关注方法。方法也是组织可以留下的经验。

汇报内容中要有清晰的结论，而且要先说结论。要言之有物，结论就是表达的重点，不能为了表达而表达，最后发现没有重点。

应用解析

高层汇报的四大禁忌

不要因为自己有了向高层领导汇报的机会，就趁机说当前上级的坏话，或说别人的坏话。当然，汇报过程中过分夸赞别人也是没必要的。

很多人因为有机会见到更高层领导，觉得这是展示自己的机会，为了显示功绩，汇报主要围绕自己的工作成果，这样容易引起高层领导的反感。

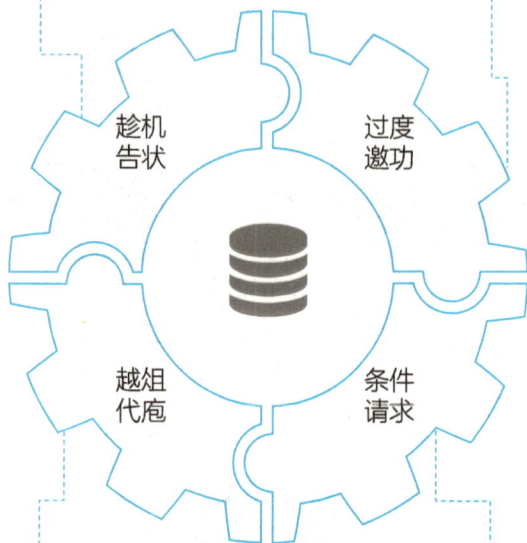

趁机告状

过度邀功

越俎代庖

条件请求

虽然向高层领导汇报应站在高层的角度，但要注意自己的位置，不要为了展示自己而说些不了解的情况，也不要帮高层做决策。

很多人见到高层领导后，会趁机向高层领导提工作条件、支持或请求，这同样容易引起高层领导的反感。就算这些应该提，也应当在平时逐级申报。

小贴士

除了高层领导主动要求下属向其汇报或发现上级领导存在问题外，下属一般不应主动越过自己的上级直接向高层领导汇报。这是职场中的大忌。如果下属为了升职、加薪、争取资源或其他目的直接越过上级向高层领导汇报，结果会适得其反。

8.3 如何向外行上级汇报工作

问题场景

1 以前我遇到过外行的上级，和这类上级汇报太难了。这类上级还经常会问我一些很小儿科的问题。

2 上级是外行还是内行不是咱们能左右的，咱们能做的就是做好自己的事情，配合好上级的工作。

3 有些专业上的东西，我不知道汇报时该不该讲。讲了怕上级听不懂，不讲又觉得少点什么。

4 你应该练习一下如何向一个完全不掌握专业知识的人传递专业信息。

5 这应该算是一种表达能力吧？怎么练习呢？

6 是的，假如你的奶奶从来没听说过Excel，你可以试试，如何向你的奶奶解释Excel有什么用。

问题拆解

外行领导内行在实际工作中经常出现，遇到这种情况没必要抱怨，只要掌握与外行领导沟通汇报的技巧，就能应对自如。向外行领导汇报时要注意汇报技巧，应尽可能避免汇报专业话题，专业指"如何做"，应尽可能汇报"有什么用"。

方法与工具

工具介绍

向外行上级汇报的 4 个关键

　　向外行上级汇报时，除非上级明确提出想了解专业相关内容，否则应尽量避开专业性较强的内容，用通俗易懂的语言，用生活化的故事场景打比方，讲清楚上级关心的结果，讲清楚专业能实现的效果。

向外行上级汇报的 4 个关键

用平实、通俗易懂的语言向外行上级汇报，多用类比的表达方式，多用生活化的故事或场景比喻，不要说专业术语。

向外行领导汇报时要讲清楚工作结果。结果比专业本身更重要，达成什么样的结果，代表了专业在多大程度上转化成了成果。

语言平实

讲清结果

功能导向

绕开专业

对非专业人士来说，更关心专业能达到什么功效，能有什么作用，而不是具体的专业知识。说专业能达到的效果比解释专业本身更重要。

很多时候，专业话题并不是绕不过去的。如果上级不想听有关专业的内容，可以直接绕开专业，和上级沟通其感兴趣的话题。

应用解析

向外行上级汇报的 3 个禁忌

不要认为外行上级听不懂专业内容就急于向其汇报。这样容易疏离自己和上级的关系，甚至可能引起上级的误解，或引发矛盾。

怠于汇报

卖弄专业

夸大贡献

在外行上级面前显示自己的专业性是没意义的，一方面有可能让上级认为下级在卖弄专业，另一方面上级也可能听不懂。

不要夸大自己的专业对工作成果的贡献。就算是技术要求比较强的工作，也需要上级的资源支持和统筹规划，技术只是一方面。

小贴士

当外行上级表达自己想学习专业知识时，这往往是掌握一定专业知识的下级和外行上级交流沟通、拉近距离的好机会。向上级讲解专业知识，不仅有助于让上级了解专业，也有助于让上级了解自己的工作。

8.4 如何纠正上级的错误想法

问题场景

1 我有时候发现上级也会犯错，但却不知道该怎么办。上级应该都不会承认自己的错误吧？

2 用对了方式方法，多数上级是愿意承认错误的。可能就算嘴上不承认，但行动也会承认的。

3 可为什么我好几次尝试指出上级的错误，最后都以失败告终。

4 那是你的方式方法不对，指出上级的错误，要学会在态度上"理直气软"。

5 理直气软？理直气壮我知道，理直气软是什么意思？

6 就是当你确定上级是错误的之后，可以坚持跟上级摆事实讲道理，但态度上要委婉。

问题拆解

当发现上级在某方面出现错误时，可以指出，和上级一起纠正其错误。纠正上级错误要讲究方式方法，其中最重要的原则是要和上级站在一起，让错误和上级剥离，变成自己和上级的对立面，而不是让自己变成上级和错误的对立面。

方法与工具

工具介绍

纠正上级错误想法的 4 个关键

要纠正上级的错误，首先要明确上级是否真的存在错误。不能主观判断上级有错，要通过客观事实确定上级确实存在错误。纠正上级的错误要选择恰当的时间和地点，没必要在第一时间纠正上级的错误，也不能在公开场合去纠正。想要说服上级，要运用数据，因为数据是客观的，能作为有力证据。说服上级的表达方式一定要委婉，要讲究艺术性。

纠正上级错误想法的 4 个关键

对错误的判断不能主观，不能轻易下结论，只有找到客观事实证据证明上级是错误的，才能进一步予以纠正。

最好不要在发现上级错误的第一时间指出，给上级留下自己纠错的机会。纠正上级错误要注意找到合适的时间和地点。

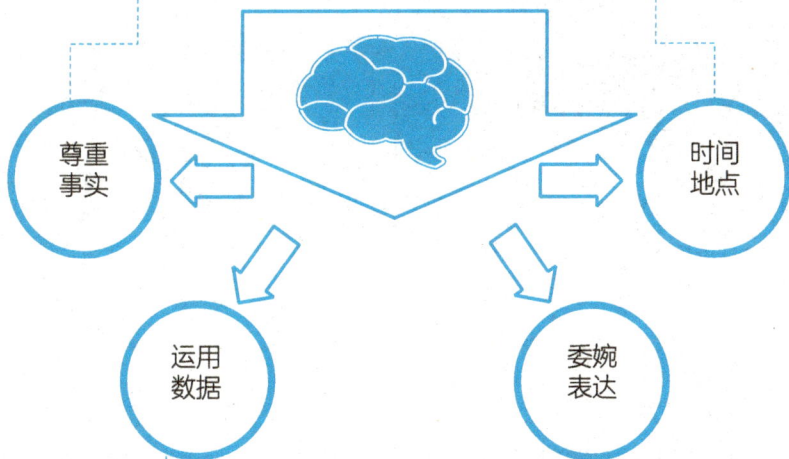

尊重事实

时间地点

运用数据

委婉表达

有的事实可以被总结成数据，有的则不能。能被总结成数据的，应运用数据表达。数据是客观的，用数据更容易说服上级。

指出上级错误时，一定要委婉表达。不要把错误和上级绑在一起，这样会把自己和上级变成对立。要让自己和上级站在一起，让错误变成你和上级共同的对立面。

应用解析

纠正上级错误的四大禁忌

切勿公开
不要在公开场合指出上级的错误，或在公开场合试图说服上级，也不要在公开场合和上级辩论，这样无疑会影响自己的职业关系。

切勿放大
不要试图放大上级的错误，也不要把上级错误可能产生的后果放大，不能通过上级的错误显示自己的高明。

狐假虎威
不要用更高层领导的指示或意见来给上级施压，或试图和通过指出上级和更高层领导的意见不一致而迫使上级改变想法。

切勿俯视
不要试图用自己的专业或用某些事实和数据说服上级，这样容易引发上级的反感和对抗。

小贴士

当发现上级的错误时，纠正上级的错误并不是唯一选择。有时候上级只是口误，有时候上级的错误对工作结果没有影响，这种情况就不需要刻意纠正。另外，对上级错误的判断不要夹杂主观感受和个人价值观，会让上级觉得下级在对自己评头论足。

8.5　如何通过汇报引导上级行动

问题场景

1 我发现自己完全不懂如何引导上级的思路和行动朝我想要的方向发展。

2 为什么这么说，你之前是怎么做的？

3 我就是直接指出上级的问题，然后告诉上级事情应该怎么做才对。

4 你那样已经不叫引导，更像指导上级工作，或者对上级的指手画脚，上级当然不愿接受。

5 那我应该怎么做才能引导上级呢？

6 引导上级的思考和行动，可以用ORID模型。

问题拆解

　　当上级和自己的想法有出入时，下级可以引导上级。没有一个上级喜欢对自己评头论足、指手画脚的下级，所以引导上级时要注意技巧。如果表现得过于强势或直接，可能会引起上级的反感，甚至使其更加坚定自己的想法不愿改变。

方法与工具

工具介绍

ORID 模型

ORID 模型是一种沟通中的引导方法，这种方法就是按照 Objective、Reflective、Interpretive、Decisional 的顺序进行的。

Objective（客观）：表示客观事实，包括看到的和听到的。

Reflective（感受）：表示主观感受，包括情绪上的喜、怒、哀、乐等。

Interpretive（启发）：表示深入思考，包括想到的启发。

Decisional（行动）：表示实施行动，包括未来的行动计划。

ORID 模型应用流程

事情在客观上是什么样的？能看到什么、听到什么、触摸到什么、闻到什么？

事情给人们带来的情绪感受是什么？是正面的还是负面的？这种感觉会让人产生哪些联想？

Objective 客观 1

Reflective 感受 2

Interpretive 启发 3

Decisional 行动 4

针对当前的情况和前面的思考，自己学到了什么？可以做什么？如何开展行动？

这件事情的意义是什么？带来的价值是什么？给自己带来的启发是什么？

应用解析

引导上级的 4 大禁忌

不要直接否定上级的想法，这样等于把自己和上级放到了对立面，容易让上级为了捍卫自己的尊严，更不愿意做出改变。

条条大路通罗马，上级的想法不一定达不成结果。不要为了引导上级而夸大上级当前思想或行为可能带来的不利后果。

直接否定

夸大后果

一蹴而就

夹杂情绪

引导上级时不要抱着一蹴而就的心态，不要期望上级一下子能改变，如果一次引导不成功，可以尝试多次引导。

不要因为上级跟不上自己的思路而产生负面情绪。这种情绪一旦被上级感知，不仅不利于引导，而且不利于未来沟通。

小贴士

成年人很难被改变，尤其当过去在某方面有成功经验时，会加重成年人对某些信念的确信。所以在引导上级时不能急，对上级的引导应循循善诱、娓娓道来，态度一定要平和，语气要舒缓。

8.6 如何拒绝上级的不合理要求

问题场景

1 上级经常会给我提出一些不合理的要求，我应该怎么办呢？

2 你是通过什么判断上级提出的要求不合理呢？

3 因为上级的要求太高，我根本做不到……

4 要求合不合理不能只靠主观判断，你要和上级一起做客观的分析和判断。

5 有时候我加班加点用尽全力完成上级之前的要求，上级马上又提出新的要求。

6 你应该在一开始就试着向上级说不，说明自己的困难。盲目接下自己难以完成的工作，会让上级高估你的能力边界。

问题拆解

　　职场中难免遇到上级提不合理要求，而且可能会出现"得寸进尺"效应，也就是下级在满足上级的不合理要求后，上级进一步提出更多不合理的要求。面对上级的不合理要求，要学会委婉地说"不"。超出自己的能力范围盲目迎合上级的要求，会让上级错误地判断你的能力边界。

方法与工具

工具介绍

拒绝上级不合理要求的 4 个关键

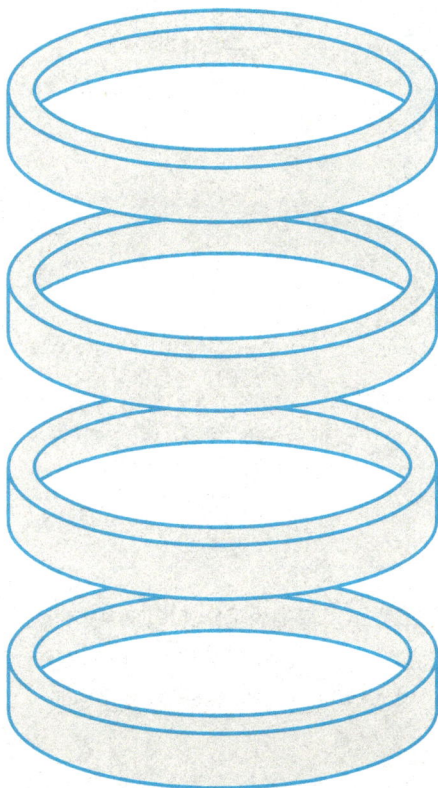

要拒绝上级的不合理要求，首先要判断上级的不合理要求是客观上的不合理，还是自己主观上希望站在舒适圈不愿突破。判断依据最好有外部的调研结果。在确定上级的要求的确不合理后，要敢于说"不"，让上级明确自己的边界。

拒绝上级不合理要求的 4 个关键

客观判断
上级的要求是否合理，要借助客观的事实和数据作为判断依据。不能仅凭自己的主观感受做判断。

敢于说"不"
要敢于在上级一开始提出不合理要求时说"不"。当然，说"不"的方式要委婉，但态度要坚决。

外部调研
如果别人能做到，你却做不到，那也许不能说上级的要求不合理。如果外部调研后发现没人能做到，那通常可以证明上级要求不合理。

表达边界
对于工作上的不合理要求，如果情况特殊，也并非一次不能接受，但要表达清楚自己的边界。

应用解析

拒绝上级不合理要求的四大禁忌

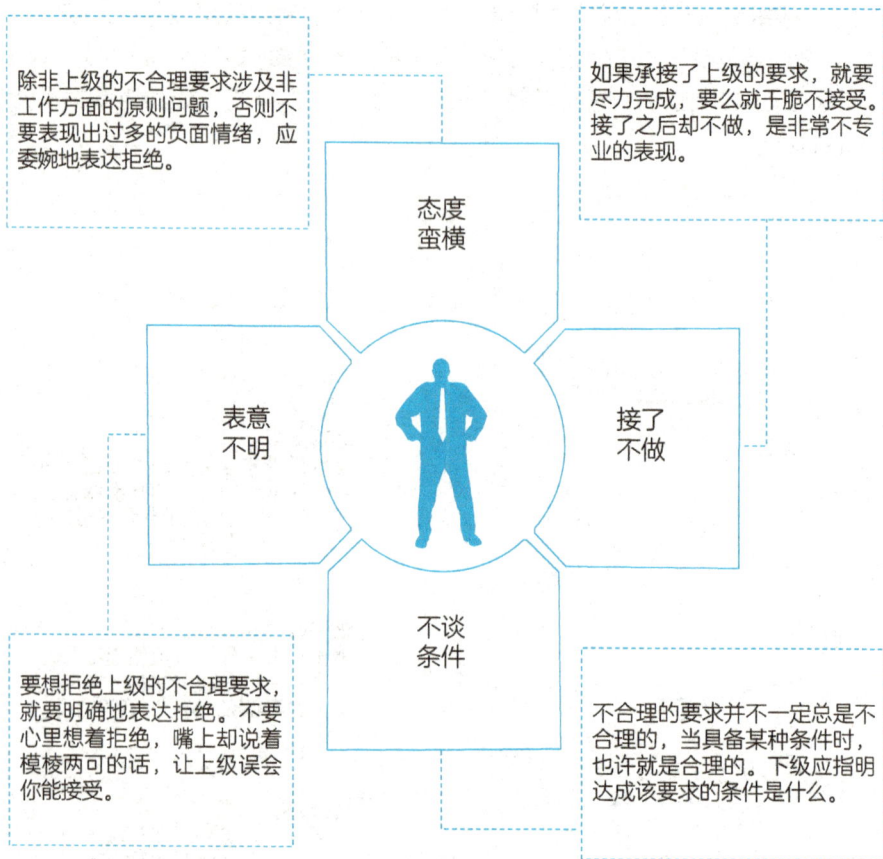

除非上级的不合理要求涉及非工作方面的原则问题，否则不要表现出过多的负面情绪，应委婉地表达拒绝。

如果承接了上级的要求，就要尽力完成，要么就干脆不接受。接了之后却不做，是非常不专业的表现。

态度
蛮横

表意
不明

接了
不做

不谈
条件

要想拒绝上级的不合理要求，就要明确地表达拒绝。不要心里想着拒绝，嘴上却说着模棱两可的话，让上级误会你能接受。

不合理的要求并不一定总是不合理的，当具备某种条件时，也许就是合理的。下级应指明达成该要求的条件是什么。

小贴士

　　拒绝上级的不合理要求不是自己不愿意承担有挑战工作的借口。很多时候，一些看似不合理的要求恰恰是挑战自己的机会，尤其是那些所谓的不合理要求，能力强的优秀员工却能做到。总站在自己的舒适圈中不愿跳出来，很难成长，尝试挑战和突破自己，是成长的开始。

8.7 如何通过汇报争取预算或资源

问题场景

1 向上级争取预算和资源真难，经常说得口干舌燥，上级也无动于衷。

2 团队的预算和资源毕竟是有限的，需要争取，你还是要积极一些。

3 需要跟上级软磨硬泡吗？我看别人能争取到预算和资源，看来我是没这方面的天赋。

4 如果给你的预算和资源对团队有利，不需要软磨硬泡也能争取到；如果对团队不利，再多的软磨硬泡也没有用。

5 我要怎么让自己争取的预算和资源对团队有利呢？

6 你一定要先了解上级要什么。如果给了你预算和资源，能让上级得到想要的，当然就比较容易争取到。

问题拆解

团队中的资源永远是有限的，给了 A，就给不了 B。资源向哪里倾斜，要看上级的需求是什么。只有能达成上级需要的结果，才更有助于获取预算和资源。当然，获得资源后能达成上级的要求也不是嘴上说说那么简单，要用数据和模型证明。

方法与工具

工具介绍

争取资源的 4 个关键

　　向上级争取资源，要说清楚争取资源的原因和有了资源后能让团队获得什么。首先，要有数据方面的事实证据支撑自己的诉求；其次，要有模型方面的理论证据支持自己的想法；再次，要有团队想要的产出预期；最后，要有实现产出的行动计划。

争取资源的 4 个关键

数据是证明自己值得获取资源的证据。声泪俱下地诉说虽然能激发情感，但在职场中想争取资源不能只靠情感，要有具体的数据支撑。

模型是说明自己获取资源后能得到产出的逻辑。争取资源时要说明自己采用的理论模型，模型对了，才有获得产出的可能性。

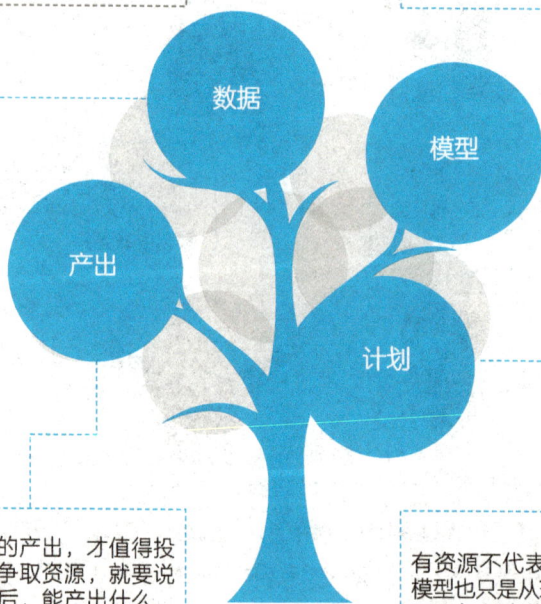

数据

模型

产出

计划

有团队需要的产出，才值得投入资源。要争取资源，就要说明有了资源后，能产出什么，能让团队获得什么，能有什么样的成果。

有资源不代表就能实现产出，模型也只是从理论上认为可行。至于如何实施才能得到产出，还需要有具体的行动计划。

应用解析

争取资源的四大禁忌

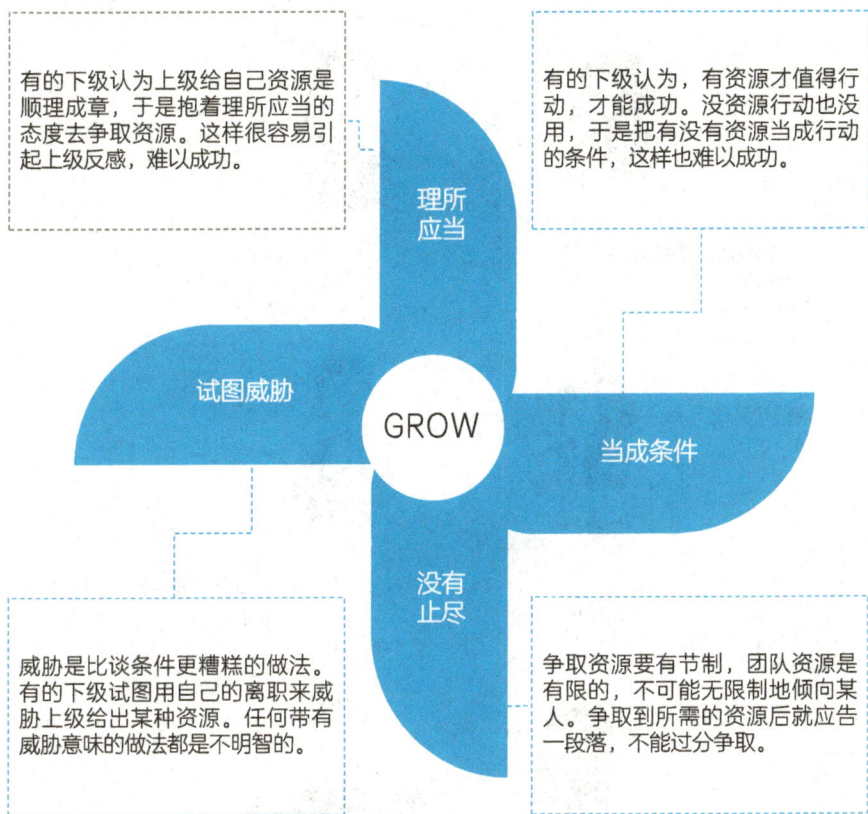

有的下级认为上级给自己资源是顺理成章，于是抱着理所应当的态度去争取资源。这样很容易引起上级反感，难以成功。

有的下级认为，有资源才值得行动，才能成功。没资源行动也没用，于是把有没有资源当成行动的条件，这样也难以成功。

理所应当

试图威胁

GROW

当成条件

没有止尽

威胁是比谈条件更糟糕的做法。有的下级试图用自己的离职来威胁上级给某种资源。任何带有威胁意味的做法都是不明智的。

争取资源要有节制，团队资源是有限的，不可能无限制地倾向某人。争取到所需的资源后就应告一段落，不能过分争取。

小贴士

向上级争取资源的前提是取得上级的信任，如果上级不信任下级，可能再怎么努力也无法争取到资源。如何取得上级的信任？除了工作中要给予上级支持外，从情感上，平时也要做到和上级同频，形成情感纽带。

8.8 如何向发脾气的上级汇报工作

问题场景

1 我汇报工作时，会遇到上级发脾气的情况。每次遇到这种情况我都不知道如何是好，很煎熬。

2 如果不是遇到那种爱发脾气的上级，这种情况你要表达理解，上级比你要承受更大的工作压力，难免会有情绪崩溃的时候。

3 压力我可以理解，但我也遇到过那种让我捉摸不透的上级，经常莫名其妙地发脾气。

4 上级发脾气一定是有原因的，你要找到那个原因，才能避免再次惹怒上级。

5 我再遇到上级发脾气的时候，应该怎么办呢？

6 你要冷静应对，不要被上级的情绪牵着走，不要对抗上级的情绪，可以等上级情绪稳定后再汇报工作。

问题拆解

职场中遇到上级发脾气的情况在所难免，有时候，上级发脾气是因为自身的情绪管理问题，有时候是因为外界确实存在引发情绪波动的诱因。面对上级的脾气，一来要表示理解，二来要冷静应对，三来要找到上级发脾气的原因，避免再次惹怒上级。

方法与工具

工具介绍

向发脾气上级汇报的 4 个关键

面对发脾气的上级，不要自乱阵脚，要控制自己的情绪，如果双方都情绪失控，沟通将难以为继。要找到上级发脾气的原因，这样不仅有助于和上级一起解决问题，也有助于避免以后再发生类似情况。当上级在气头上时，不要反驳上级，可以先顺着上级的意思沟通。如果上级是个爱发脾气的人且难以改变，可以考虑离开。

向发脾气上级汇报的 4 个关键

上级发脾气时，自己一定要冷静应对，要沉住气，不要慌乱，不要害怕。不要完全相信一个人发脾气时说的话，要理性思考每句话背后的含义。

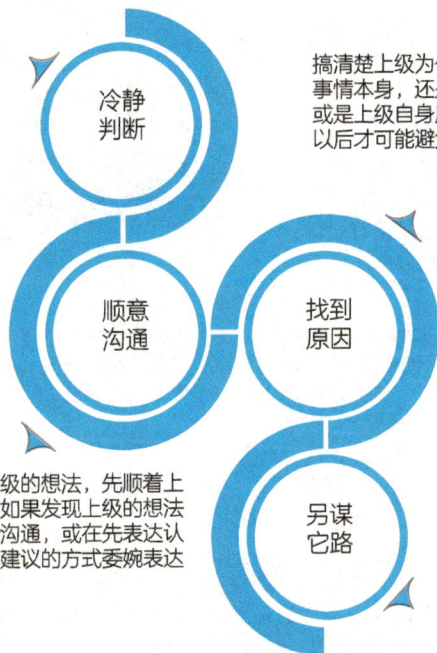

搞清楚上级为什么发脾气？是因为事情本身，还是你的处理方式不当，或是上级自身原因？搞清楚原因，以后才可能避免类似情况。

冷静判断

顺意沟通

找到原因

另谋它路

不要直接否定上级的想法，先顺着上级的意图沟通。如果发现上级的想法不妥，可以改天沟通，或在先表达认同后，以提出小建议的方式委婉表达或善意提醒。

三十六计，走为上计，如果发脾气是上级的性格使然，那就尽早离开。另找一个情绪平稳的上级也未尝不是一个好的选择。

应用解析

向发脾气上级汇报的四大禁忌

千万不要在上级发脾气时，自己也以发脾气回应，这样不仅不能解决问题，而且可能会葬送自己的职业发展。

不要因为上级爱发脾气或上级曾经发过脾气，就逃避和上级沟通，这样会影响你和上级之间的工作交流。

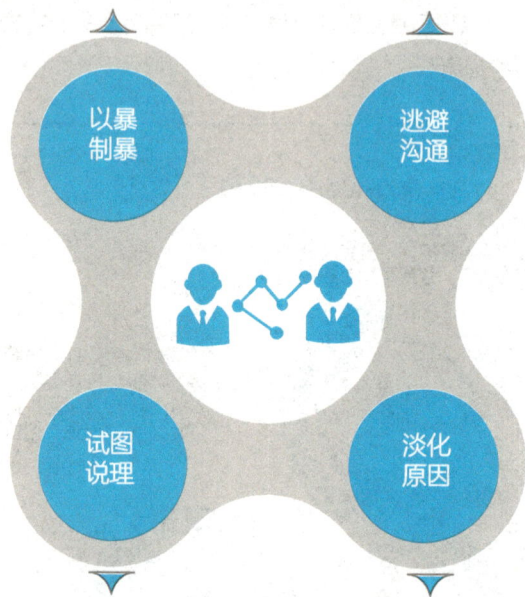

以暴制暴

逃避沟通

试图说理

淡化原因

人在发脾气时，大脑被感性情绪支配，这时候说理往往是不起作用的，反而容易引起进一步争吵，不如等情绪稳定后再说理。

不要为了让上级消气，试图淡化上级发脾气的原因，这样只会让上级更生气。

小贴士

有时候，上级发脾气，下级应表达适度理解。上级身处管理岗位，难免要承受比下级岗位更多的责任和压力。当上级发脾气时，下级真诚地表达出对上级的理解，上级都会记在心里。

8.9 如何说服与自己意见不一致的上级

问题场景

1 我有个同事很厉害，经常能和上级意见不一致时说服上级，我就不行。

2 其实，能说服上级并不比听从上级的指令更困难。

3 为什么？能把上级说服，多厉害呀？

4 一开始就以说服上级为目标是不对的，没有一个人愿意被别人说服。所谓说服，很多时候是顺理成章发生的。

5 原来如此。那如果我觉得有必要，想说服上级时，应该怎么做呢？

6 掌握说服的原则和步骤之后，就可以实施说服了。

问题拆解

说服是结果，不是目的，当自己和上级意见不一致时，不要一开始就以说服上级为目标，情况必要时，再实施说服。说服的原理并不难，只要掌握说服的大原则和说服的步骤，就可以让自己和上级意见不一致时，说服上级。

方法与工具

工具介绍

说服

说服，是沟通的艺术，是谈判中最顶级的技术。当上级和自己意见不一致时，可以尝试说服上级。说服上级时，可以遵循三大原则，一是尝试让上级自己发现问题，自己说服自己；二是不要因为和上级的意见不合，就站在上级的对立面；三是不要因为不认同上级的意见，就对上级的意见有所贬损。

说服上级的三大原则

要想办法让上级自己找到问题，找到思路，自己说服自己。说服不是让上级做对下级有利的事，而是让上级做对自己有利的事情。

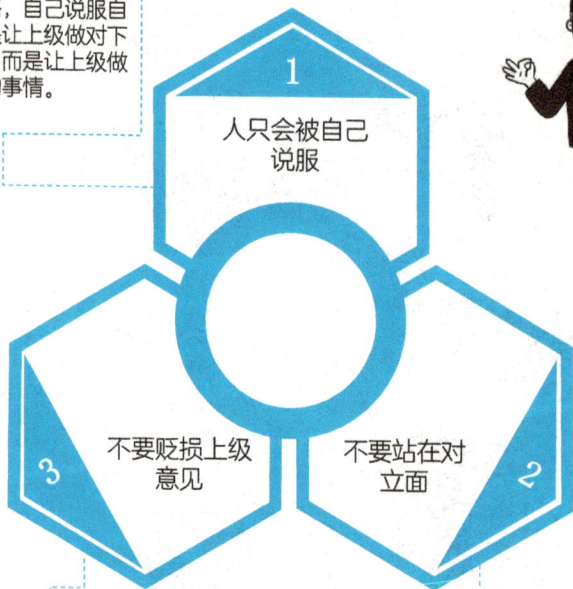

1

人只会被自己说服

3

不要贬损上级意见

2

不要站在对立面

可以提醒上级没有注意到的问题，引出上级理解上的缺陷，认可上级想法上的可执行性，最后强调自己的建议更具备实用性。

不要站在矛盾的对立面和上级说理；要尝试站在事情侧面去解释其两面性。影响和说服的艺术在于搁置争议，并寻求共赢的解决之道。

应用解析

说服的 5 个步骤

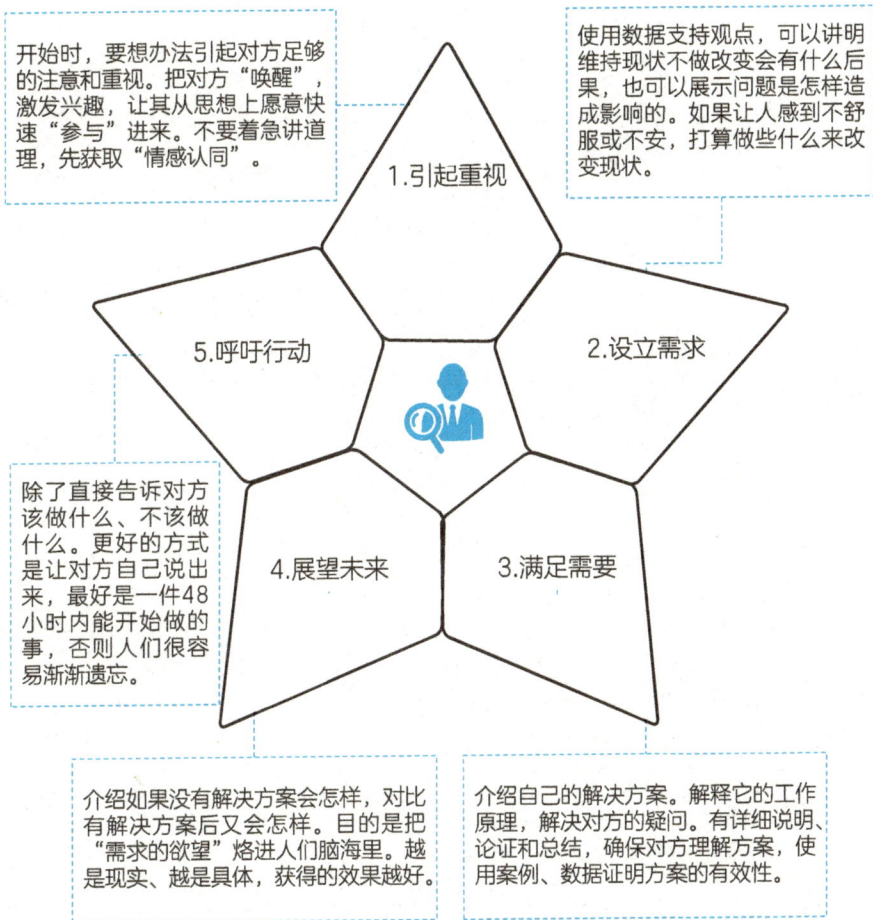

开始时，要想办法引起对方足够的注意和重视。把对方"唤醒"，激发兴趣，让其从思想上愿意快速"参与"进来。不要着急讲道理，先获取"情感认同"。

使用数据支持观点，可以讲明维持现状不做改变会有什么后果，也可以展示问题是怎样造成影响的。如果让人感到不舒服或不安，打算做些什么来改变现状。

1.引起重视

5.呼吁行动

2.设立需求

除了直接告诉对方该做什么、不该做什么。更好的方式是让对方自己说出来，最好是一件48小时内能开始做的事，否则人们很容易渐渐遗忘。

4.展望未来

3.满足需要

介绍如果没有解决方案会怎样，对比有解决方案后又会怎样。目的是把"需求的欲望"烙进人们脑海里。越是现实、越是具体，获得的效果越好。

介绍自己的解决方案。解释它的工作原理，解决对方的疑问。有详细说明、论证和总结，确保对方理解方案，使用案例、数据证明方案的有效性。

小贴士

说服别人的 5 个步骤可以用于演讲、培训、谈判、沟通等各个领域，也可以用于上级说服下级、下级说服上级，几乎适用于任何说服情景。当然，在不同情景下，说服的步骤应根据具体场景做具体调整处理，不可一概而论。